Selbermachen. Genießen. Verschenken.

Weihnachtliche Leckereien aus der kreativen Manufaktur
sind schöne Geschenke und Mitbringsel:
mit Sorgfalt hergestellt, mit Liebe verpackt.

Anne Iburg • Anna Postel

WEIHNACHTLICHE LECKEREIEN

hübsch verpackt zum Verschenken

MIT LIEBE
GEMACHT
MIT LIEBE
GEMACHT

Inhalt

beth männ chen im grünen kleid
beth männ chen im grünen kleid

Süße Geschenke zu Weihnachten

Schwelgen Sie in Vorfreude aufs Fest! Zu Weihnachten gibt es nichts Schöneres als das Schenken – und zwar kleine Köstlichkeiten und Leckereien für Freunde, Verwandte und Bekannte, die sich die Eigenproduktionen genussvoll munden lassen!

Selbstgemachte Köstlichkeiten sind ein ganz besonderes Geschenk, denn es bringt nicht nur echte Gaumenfreude, sondern birgt auch die Mühe und vor allem die Liebe, die sich die Backenden und Kochenden gemacht haben. Solch eine Geste trägt die Botschaft: Ich mag dich gern! Und als Aufmerksamkeit beglückt sie sowohl Herz als auch Gaumen des Empfängers.

Hübsch verpackt in den dafür aufbereiteten Gläsern, Schachteln und Dosen, sind die Geschenke zusätzlich ein charmanter Blickfang. Diese Kleinigkeiten können sich durchaus sehen lassen, nicht nur als Festtagsdekoration und Adventsschmuck, sondern auch darüber hinaus, bis die Leckereien verputzt sind und man sich auf das nächste Weihnachtsfest freut, zu dem man wieder auf geschmackvolle Geschenke hofft.

Die Plätzchenwerkstatt

Kein Weihnachten ohne Plätzchen! Im Advent gehört Plätzchenbacken einfach dazu, wie die Christbaumkugeln zum Weihnachtsschmuck. Und dabei gilt, je ausgefallener und ungewöhnlicher die Kreationen, desto größer die Vorfreude auf Weihnachten.

Frohes Fest
Frohes Fest
Frohes Fest
KOKOS
SPRITZGEBÄCK

16
15
14
20

Jeder zählt im
Advent die Tage bis
Weihnachten, selbstgebackene
Naschereien versüßen die schier
endlose Wartezeit. Ob als Advents-
kalenderfüllung oder Mitbringsel für
Freunde und Verwandte, in aller
Munde bringen die Plätzchen ein
weihnachtliches
Geschmackserlebnis.

Mürbes Teegebäck
von Herzen gebacken

Butter, Puderzucker, Vanillezucker und Salz verrühren. Den Schmand und nach und nach das Mehl einarbeiten. Alles zu einem glatten Teig verkneten. In Frischhaltefolie wickeln und 1 Std. kalt stellen.

Den Teig auf bemehlter Arbeitsfläche 3 mm dick ausrollen und Herzen in verschiedenen Größen ausstechen. Alternativ übliche Weihnachtsmotive wie Tannenbäume und Sterne benutzen. Den Backofen auf 180 °C vorheizen. Eiweiß verquirlen. Kekse damit bestreichen und mit reichlich Hagelzucker und etwas Zimt bestreuen.

Die Plätzchen auf ein mit Backpapier belegtes Blech legen und im Ofen auf mittlerer Schiene in etwa 10 Minuten goldbraun backen. Gebäck herausnehmen und auskühlen lassen.

Tipp: Auch sehr beliebt sind diese Plätzchen mit bunten Zuckerstreuseln dekoriert.

Das Teegebäck ist 4–6 Wochen haltbar.

Die Verpackungsidee für das Teegebäck finden Sie auf Seite 14/15.

Zutaten für 60 Stück

150 g Butter
50 g Puderzucker
1 TL Vanillezucker
1 Prise Salz
50 g stichfester Schmand, 20 % Fett
275 g Mehl
1 Eiweiß
50 g Hagelzucker
etwas Zimt
Mehl für die Arbeitsplatte

30 Min. Zubereitung
1 Std. Kühlzeit
10 Min. Backzeit

Frohes Fest
Frohes Fest

Fest-Tüte
für das Teegebäck

Schneiden Sie aus dem Butterbrotpapier ein 9,5 cm x 10 cm großes Rechteck und aus dem roten Karton ein 9,5 cm x 7 cm großes Rechteck aus. Bestempeln Sie zunächst das Butterbrotpapier ganz nach Belieben mit dem Fähnchenstempel und lassen Sie die weiße Stempelfarbe gut trocknen.

Stanzen Sie mit dem Stanzer ein Etikett aus einem Rest des roten Kartons und bestempeln Sie eine der unteren Ecken wie abgebildet mit dem Fähnchenstempel und anschließend mit dem gesetzten Text, indem Sie den Schriftzug parallel zum Fähnchen aufdrucken. Bringen Sie mithilfe der Loch- und Ösenzange an der oberen Kante des Etiketts eine farbige Öse an.

Legen Sie nun das bestempelte Butterbrotpapier so auf das rote Kartonrechteck, dass die 9,5 cm langen Seiten übereinander liegen. Schlagen Sie die überstehenden Kanten des Butterbrotpapiers nach hinten ein und fixieren Sie beides miteinander. Falzen Sie den Karton in der Hälfte parallel zur kurzen Seite. Bringen Sie ganz nach Geschmack auf einer Seite des Kartons zwei farbige Ösen an und binden Sie das Etikett mit einer Schleife aus weißem Rayonbast daran fest.

Befüllen Sie die Zellophantüte mit dem Teegebäck, verschließen Sie diese durch mehrmaliges Umschlagen und tackern Sie den Karton an der Tüte fest.

Material

- Fotokarton in Rot
- Butterbrotpapier
- Fähnchenstempel mit Zickzackmuster
- Textstempel zum Selbersetzen
- Stempelfarbe in Weiß
- Rayonbast in Weiß
- Loch- und Ösenzange
- Ösen in verschiedenen Farben
- Etikettenstanzer, 3 cm x 4,5 cm
- Zellophantüte, 9,5 cm x 16 cm
- Büroheftgerät

Elisen-Lebkuchen-Häufchen

würzig & nussig

Den Backofen auf 160 °C vorheizen. Eier, Zitronensaft und Puderzucker mit den Schneebesen des Handrührgeräts in etwa 10 Min. cremig aufschlagen. Lebkuchengewürz, gemahlene Mandeln, Haselnüsse, Salz und abgeriebene Zitronenschale mit einem Kochlöffel unterheben.

Backoblaten auf einem mit Backpapier belegten Backblech verteilen. Je 1 gehäuften Teelöffel der Teigmasse auf die Oblaten setzen. Im Backofen etwa 18 Min. backen. Herausnehmen und abkühlen lassen.

Inzwischen die Glasur nach Packungsangabe schmelzen. Lebkuchen damit bepinseln. Glasur fest werden lassen. Weiße Kuvertüre im Wasserbad schmelzen lassen. In eine Plastiktüte geben. Ein Loch hineinschneiden und damit die Häufchen verzieren.

Die Lebkuchen sind, mit einem Apfelschnitz in einer gut verschließbaren Dose aufbewahrt, 4–6 Wochen haltbar.

Die Verpackungsidee für die Elisenlebkuchen finden Sie auf Seite 18/19.

Zutaten für 40 Stück

4 Eier (Größe M)
1 TL Zitronensaft
150 g Puderzucker
2 TL Lebkuchengewürz
200 g gemahlene Mandeln
200 g gemahlene Haselnüsse
1 Prise Salz
1 TL abgeriebene Zitronenschale (Bio)
ca. 40 Backoblaten, ø 5 cm
200 g dunkle Kuchenglasur
25 g weiße Kuvertüre

20 Min. Zubereitung
18 Min. Backzeit

Goldene Schale
für die Elisenlebkuchen

Schneiden Sie aus der Bastelfolie ein Quadrat aus, dessen Breite und Länge dreimal so groß ist wie der Durchmesser der Schale. Schlagen Sie die Schale straff in die goldene Folie ein und legen Sie das Innere der Schale mit Butterbrotpapier aus. Nach Wahl können Sie den Rand des Papiers noch mit einer Konturenschere verzieren.

Übertragen Sie die Vorlage für die Glocke auf den weißen Karton und schneiden Sie diese mithilfe von Schere und Cutter aus. Bringen Sie oben eine goldfarbene Öse an und binden Sie die Glocke nach dem Befüllen der Schale mit einer Kordel um die Schale.

Material
- Schale aus Glas oder Porzellan
- Metallpapier in Gold mit Sternchenprägung
- Butterbrotpapier
- Konturenschere
- Cutter
- Karton in Weiß
- Öse in Gold
- Loch- und Ösenzange
- Kordel in Braun

Vorlage Seite 146

Karamell-Kringel

besonders beliebt bei Kids

Butter und Zucker schaumig rühren, 1 Ei unterschlagen, dann das Mehl unterkneten. Teig in Folie gewickelt mindestens 1 Stunde kalt stellen. Teig halbieren und jede Hälfte auf einer bemehlten Arbeitsfläche zu einem Rechteck (ca. 25 x 35 cm) ausrollen.

Das zweite Ei mit der Schlagsahne verrühren. Die Teige mit etwas Eier-Sahne bepinseln. Karamell fein hacken und darauf streuen. Teige von der Längsseite her einrollen, in Folie wickeln und 2 Stunden kalt stellen.

Backofen auf 175 °C vorheizen. Teigrollen in ½ cm dicke Scheiben schneiden, auf ein mit Backpapier belegtes Blech legen und mit der restlichen Ei-Sahne-Mischung bepinseln. Plätzchen etwa 15 Min. backen. Auskühlen lassen.

Die Karamell-Kringel sind 4–6 Wochen haltbar.

Die Verpackungsidee für die Karamell-Kringel finden Sie auf Seite 22/23.

Zutaten für 80 Stück

350 g Butter
200 g Puderzucker
2 Eier
500 g Mehl
2 EL Sahne
225 g weicher Karamell
Mehl für die Arbeitsfläche

40 Min. Zubereitung
3 Std. Kühlzeit
15 Min. Backzeit

Gepunktete Kiste
für die Karamell-Kringel

Material
Fotokarton in Natur
Fotokarton in Weiß
Cutter
Ölpastellkreide in Weiß
Kreisstanzer, ø 2,5 cm
doppelseitiges Klebeband
2 Musterbeutelklammern
Zellophantüte,
11,5 cm x 19 cm
Kordel in Blau-Weiß

Vorlage Seite 147

Übertragen Sie die Schachtel von der Vorlage auf den naturfarbenen Karton und schneiden Sie diese an den durchgezogenen Linien aus. Schneiden Sie mit dem Cutter kleine Schlitze an den markierten Stellen in den Karton. Falzen Sie den Karton an den gestrichelten Linien mithilfe von Falzbein und Lineal.

Malen Sie mit der weißen Ölpastellkreide kleine Pünktchen auf die Außenseite des Kartons und kleben Sie anschließend doppelseitiges Klebeband auf die Laschen.

Stanzen Sie dann zwei Kreise aus dem weißen Karton aus und setzen Sie mittig je einen 5 mm langen Schnitt. Befestigen Sie die Kreise mit je einer Musterbeutelklammer an den Schlitzen im naturfarbenen Karton und setzen Sie die Schachtel zusammen.

Befüllen Sie die Zellophantüte mit den Plätzchen und verschließen Sie die Tüte, bevor Sie diese in die Schachtel stellen. Binden Sie zum Schluss ein Stück blauweiße Kordel um den Schachtelverschluss.

Nougatkekse mit Mandeln

himmlisch cremig

Backofen auf 200 °C vorheizen. 200 g Butter, Puderzucker, Eier, Salz, gemahlene Vanille und Zitronenschale schaumig schlagen. Erst die Sahne unterschlagen, dann das Mehl mit den gemahlenen Mandeln unter die Masse heben.

Den Teig in einen Spritzbeutel mit großer Lochtülle füllen und runde Plätzchen auf ein mit Backpapier belegtes Backblech spritzen. Mit gehackten Mandeln bestreuen und im Ofen etwa 12 Min. backen. Herausnehmen, abkühlen lassen.

In einer Schüssel Nuss-Nougat und übrige Butter im warmen Wasserbad cremig rühren. Dick auf die Unterseite der Hälfte der Plätzchen streichen, mit den übrigen zusammensetzen.

Die Nougatkekse sind 4–6 Wochen haltbar.

Die Verpackungsidee für die Nougatkekse finden Sie auf Seite 26/27.

Zutaten für 60 Stück

250 g Butter
150 g Puderzucker
3 Eier (Größe M)
1 Prise Salz
½ TL Vanille, gemahlen
abgeriebene Schale von
1 Zitrone (Bio)
250 g Schlagsahne
300 g Mehl
150 g gemahlene
Mandeln
40 g gehackte Mandeln
125 g Nuss-Nougat

40 Min. Zubereitung
12 Min. Backzeit

MIT LIEBE
GEMACHT
MIT LIEBE
GEMACHT

Täschchen für die Nougatkekse

Material

- Geschenkpapier in Beige-Blau gemustert
- Dekoklebeband in Creme
- Fotokarton in Braun
- doppelseitiges Klebeband
- Cutter
- Kreisstanzer, ø 5 cm
- Softschablone „Schneeflocke"
- Metallicstift in Gold
- Fotokarton in Weiß
- Textstempel zum Selbersetzen
- Stempelfarbe in Schwarz
- Öse in Gold
- Loch- und Ösenzange
- Konturenschere
- Rayonbast in Weiß
- Garn in Blau
- Zellophantüte, 9,5 cm x 16 cm

Schneiden Sie für die Tüte ein 22 cm x 16 cm großes Rechteck aus dem Geschenkpapier aus und falzen Sie es parallel zur kurzen Seite bei 5,5 cm und 16,5 cm, sodass die Papierkanten in der Mitte zusammenstoßen. Die Kanten mit Dekoklebeband zusammenkleben.

Falten Sie dann die untere Kante bei 3 cm nach oben und richten Sie die entstandene Lasche im rechten Winkel wieder auf. Ziehen Sie auf der linken Seite die zwei Papierschichten auseinander und drücken Sie das Papier flach, sodass sich ein gleichschenkliges Dreieck bildet. Verfahren Sie genauso auf der anderen Seite. Falten Sie jetzt die obere und untere Spitze zur Mitte und schließen Sie den Boden mit dem Dekoklebeband.

Schneiden Sie in den vorderen Teil der Tüte mit einem Cutter ein Sichtfenster von 7 cm x 4 cm ein. Vergessen Sie nicht, zuvor ein Stück Karton in die Tüte zu legen, um deren Rückseite nicht zu beschädigen.

Fertigen Sie nun den Rahmen für das Fenster an, indem Sie aus dem braunen Karton ein 8 cm x 5 cm großes Rechteck und in diesem ein Rechteck von 6 cm x 3 cm ausschneiden. Runden Sie die äußeren Ecken des Rahmens ab und kleben Sie ihn an der Tüte fest. Bringen Sie an der Öffnung der Tüte aus dem weißen Rayonbast zwei Henkel mithilfe des Dekoklebebands an.

Stanzen Sie einen 5 cm großen Kreis aus dem braunen Fotokarton und malen Sie mithilfe der Schablone und dem goldenen Stift eine Schneeflocke auf. Bestempeln Sie einen 2,3 cm x 11 cm langen weißen Kartonstreifen am unteren Ende mit dem selbstgesetzten Text und bringen Sie am anderen Ende eine goldene Öse an. Verzieren Sie die Enden der Streifen mit der Konturenschere und kleben Sie das Papier von der Rückseite her am Schneeflockenetikett an.

Binden Sie das Etikett an einen Henkel und befüllen Sie die Zellophantüte mit den Nougatkeksen, bevor Sie diese in die Tüte stellen.

Kokos-Spritzgebäck
exotische Verführung

Kokosraspel in einer Pfanne ohne Fett rösten, herausnehmen. Mit dem braunen Zucker mischen und in einem Universal-Zerkleinerer oder auch Mixer ganz fein mahlen.

Butter mit Zucker-Kokos-Mischung und Orangenschale schaumig schlagen. Ei, Kokosmilch und -sirup darunter schlagen. Mehl und Stärke einrühren. Teigmasse in einen Spritzbeutel mit Sterntülle füllen und damit die Stangen auf ein mit Backpapier belegtes Blech spritzen. Die Plätzchen 2 Std. kalt stellen.

Backofen auf 210 °C vorheizen. Die Plätzchen im Ofen etwa 10 Min. backen, auskühlen lassen. Kuvertüre hacken, in einer Schüssel über einem warmen Wasserbad schmelzen. Plätzchenspitzen mit Kuvertüre bestreichen, mit gehackten, kandierten Ananasstückchen und Kokosraspeln verzieren und trocknen lassen.

Das Kokos-Spritzgebäck ist 3–5 Wochen haltbar.

Die Verpackungsidee für das Kokos-Spritzgebäck finden Sie auf Seite 30/31.

Zutaten für 50 Stück

100 g Kokosraspeln
150 g brauner Zucker
150 g weiche Butter
etwas abgeriebene Orangenschale
1 Ei
40 ml Kokosmilch
1 EL Kokossirup
200 g Mehl
50 g Speisestärke
200 g weiße Kuvertüre
kandierte Ananas
Kokosraspeln zum Bestreuen

30 Min. Zubereitung
2 Std. Kühlzeit
12 Min. Backzeit

KOKOS
SPRITZGEBÄCK
hand-
gemacht
KOKOS
SPRITZGEBÄCK
hand-
gemacht

Barocke Tüte für das Kokos-Spritzgebäck

Übertragen Sie die Vorlage auf den gemusterten Karton und schneiden Sie ihn an den durchgezogenen Linien aus. Falzen Sie den Karton mit Falzbein und Lineal an den gestrichelten Linien von der Innenseite und an den gepunkteten Linien von der Außenseite aus. Die Schachtel so zusammenklappen, dass eine Tüte entsteht.

Schneiden Sie aus dem cremefarbenen Papier einen 3 cm x 15 cm langen Streifen aus. Verzieren Sie das eine Ende des Streifens mit dem Ornament-Stanzer und stempeln Sie den Rezeptnamen wie abgebildet auf. Legen Sie den Streifen schräg über den vorderen Teil der Schachtel und klappen Sie den überstehenden Papierrest nach innen ein. Fixieren Sie den Streifen mit einem Stück doppelseitiger Klebefolie an der Schachtel. Beschriften Sie das Klebeetikett und kleben Sie es je zur Hälfte auf Papierstreifen und Schachtel.

Befüllen Sie die Zellophantüte mit dem Gebäck, verschließen Sie die Tüte und stellen Sie diese in die Schachtel. Zum Schluss die Schachtel mit der Holzklammer schließen.

Material

- Karton mit Ornamentmuster in Gold
- Papier in Creme
- Buchstabenstempel
- Stempelfarbe in Braun
- Ornament-Stanzer
- doppelseitige Klebefolie
- Holzklammer
- Kraftpapier-Klebeetiketten
- Zellophantüte, 9,5 cm x 16 cm

Vorlage Seite 148

Kulleraugen mit Vierfruchtkonfitüre

Das Mehl mit dem Backpulver in eine Rührschüssel sieben. Gesiebten Puderzucker, Vanillezucker, Salz und Eigelbe dazugeben. Butter in Stücke schneiden und hinzufügen.

Die Zutaten mit den Knethaken eines Handrührgeräts gut durcharbeiten. Auf einer bemehlten Arbeitsfläche zu einem glatten Teig verkneten. Den Teig 30 Min. kalt stellen.

Den Backofen auf 180 °C vorheizen. Aus dem Teig Rollen mit 2–3 cm Durchmesser formen, in 3 cm dicke Stücke schneiden und zu Kugeln drehen, jede Kugel zur Hälfte in Eiweiß tauchen und in die Mandeln drücken. Mit der Teigseite auf ein Backblech legen.

Mit einem Rührlöffelstiel in jede Kugel eine Vertiefung drücken und mit etwas Konfitüre füllen. Auf der mittleren Schiene etwa 15 Min. backen.

Die Kulleraugen sind 4–6 Wochen haltbar.

Die Verpackungsidee für die Kulleraugen finden Sie auf Seite 34/35.

Zutaten für 30 Stück

250 g Mehl
1 TL Backpulver
100 g Puderzucker
1 Pck. Vanillezucker
1 Prise Salz
3 Eigelb
150 g Butter
Mehl für die Arbeitsfläche
1 Eiweiß
50 g abgezogene, gehackte Mandeln
2 EL Vierfruchtkonfitüre

30 Min. Zubereitung
30 Min. Kühlzeit
15 Min. Backzeit

mmh
mmh

Geschenkdose
für die Kulleraugen

Schneiden Sie aus dem gemusterten Karton für das Unterteil zwei Kreise mit einem Durchmesser von 11 cm sowie einen 6 cm x 38 cm langen Streifen aus. Bestempeln Sie den Streifen nach Belieben mit dem Fähnchenstempel, sodass eine kleine Waldlandschaft entsteht. Falzen Sie den Kartonstreifen mit Lineal und Falzbein 5 mm parallel zur langen Seite. Schneiden Sie entlang dieser Linie mit der Konturenschere einen Zackenrand in den Karton. Die Zacken im rechten Winkel nach innen falten.

Fügen Sie den Streifen zum Rand einer runden Schachtel zusammen und setzen Sie einen der Kreise von oben ein, sodass er gut sitzt. Markieren Sie sich jetzt, wie lang der Streifen sein muss und geben Sie noch 1 cm als Klebelasche hinzu. Die doppelseitige Klebefolie auf die Lasche und auf die Rückseiten der beiden Kreise kleben.

Montieren Sie die Schachtel, indem Sie zunächst den Schachtelrand zusammensetzen. Lösen Sie dann den Schutzfilm der doppelseitigen Klebefolie auf den Kreisen und drücken Sie einen der Kreise von oben in den Schachtelrand. Den anderen Kreis von unten dagegenkleben und alles gut festdrücken.

Bestempeln Sie für das Etikett einen Rest des gemusterten Kartons mit dem Fähnchenstempel und bringen Sie an der Spitze eine silberfarbene Öse an. Schneiden Sie das Etikett mit der Zackenschere in Form eines Tannenbaums aus. Bestempeln Sie eins der Klebeetiketten mit „mmh“.

Schneiden Sie für den Deckel einen Kreis von 11,2 cm Durchmesser sowie einen Streifen von 2 cm x 38 cm aus. Verfahren Sie genauso wie beim Unterteil, nur lassen Sie das Bestempeln weg.

Legen Sie das Unterteil zum Schutz mit Butterbrotpapier aus und füllen Sie die Kulleraugen hinein. Stülpen Sie den Deckel über und binden Sie mit dem weißen Rayonbast das Etikett um die Schachtel. Zum Schluss das bestempelte Kraftpapieretikett aufkleben.

Material

- Karton in Rosa-Weiß gepunktet und gestreift
- Fähnchenstempel mit Pünktchen
- Stempelfarbe in Dunkelrot
- Konturenschere mit Zackenrand
- doppelseitige Klebefolie
- Öse in Silber
- Loch- und Ösenzange
- Rayonbast in Weiß
- Kraftpapier-Klebeetiketten
- Buchstabenstempel
- Butterbrotpapier

Wärmende Getränke

Wenn man vom Schneespaziergang ins heimelige Zuhause kommt, schmeckt ein heißer Tee besonders lecker. Dann kuschelt man sich unter die weiche Decke, in den Händen das süße Getränk für die wohlige Wärme von innen.

Fröhliche Weihnachten
MERRY Christmas
MERRY Christmas
Frohe Weihnachten
Frohe Weihnachten
Frohe Weihnachten

Ein gutes Buch
in Kombination mit einem
warmen Getränk –
es gibt nichts Gemütlicheres in
der kalten Jahreszeit. Versüßen Sie
Ihre Lektüre mit einem karamelligen
Weihnachtslikör oder einem kräftigen
Kinderpunsch und tauchen Sie
ab in die Welt der Märchen,
Geschichten und
Erzählungen.

Weihnachtstee

Zimtduft liegt in der Luft!

Vorbereitung
Zimtstangen, Nelken und Sternanis mit einem Mörser zerkleinern. Mandeln in einer Pfanne ohne Fett rösten und erkalten lassen. Alle Zutaten mit dem schwarzen Tee mischen. Die Teemischung in die Geschenkverpackung (Herstellung siehe Seite 42/43) geben.

Die Teemischung ist – kühl, trocken und dunkel aufbewahrt – etwa 1 Jahr haltbar.

Zubereitung
Wasser kochen. 3–4 Teelöffel von der Teemischung in einen Teebeutel oder ein Teesieb geben. Das nicht mehr kochende, aber heiße Wasser auf den Tee gießen und 2–3 Min. ziehen lassen, um eine anregende Wirkung zu erhalten.

Die Verpackungsidee für den Weihnachtstee finden Sie auf Seite 42/43.

Zutaten

2 Zimtstangen
2 Nelken
1 Sternanis
30 g gehackte Mandeln
100 g schwarzer Tee

5 Min. Vorbereitung

Fröhliche
Weihnachten

Punkte-Beutel für den Weihnachtstee

Befüllen Sie die gepunktete Papiertüte mit der Weihnachtsteemischung und verschließen Sie diese auf der Rückseite mit dem Dekoklebeband. Schneiden Sie aus dem Naturkarton ein 4 cm x 8 cm großes Rechteck aus und bestempeln Sie es parallel zur langen Seite. Runden Sie die beiden rechten Ecken des Kartons ab und legen Sie es so auf die Papiertüte, dass die Kanten von Tüte und Etikett genau aufeinander liegen.

Machen Sie mit der Lochzange zwei Löcher durch Karton und Papiertüte und fädeln Sie ein etwa 40 cm langes Stück Kordel hindurch. Bringen Sie jeweils am Ende der Kordel eine weiße Papierkugel an und machen Sie einen dicken Knoten, damit die Kugel nicht herunterrutschen kann. Sollten Sie Probleme beim Einfädeln der Kordel haben, nutzen Sie eine dicke Nadel mit großem Öhr. Zum Schluss die Kordel zur Schleife binden.

Material

- Papiertüten mit roten Punkten, 7 x 10 cm
- Dekoklebeband
- Naturkarton
- Stempel „Fröhliche Weihnachten"
- Stempelfarbe in Schwarz
- Lochzange
- Kordel in Braun
- Papierkugeln mit Loch, ø 1 cm

Weißer Glögg
wärmt von innen

Rosinen und Mandeln mit dem Weinbrand übergießen. Den Ingwer schälen und fein hacken. Orangenschale mit Orangensaft und den Gewürzen sowie Zucker und Wasser in einen kleinen Topf geben und etwa 10 Min. köcheln lassen. Durch ein Sieb gießen und dann in eine passende Flasche füllen. Rosinen und Mandeln ebenfalls in ein Schraubglas füllen und beides zusammen mit einer Flasche Weißwein verschenken.

Alle drei Komponenten in einem Topf erwärmen und in Tassen oder Gläsern servieren.

Der Glögg ist – kühl und dunkel aufbewahrt – 1–2 Wochen haltbar.

Die Verpackungsidee für den Glögg finden Sie auf Seite 46/47.

Zutaten für 6–8 Gläser

80 g Rosinen
80 g geschälte, ganze Mandeln
150 ml Weinbrand
1 walnussgroßes Stück Ingwer
etwas abgeriebene Orangenschale
Saft von 2 Orangen
2 Zimtstangen
1 TL Gewürznelken
1 TL Kardamom
2–3 EL Zucker
250 ml Wasser
750 ml Weißwein

15 Min. Zubereitung

Frohe Weihnachten
Frohe Weihnachten

Zarte Dekoration
für den Glögg

Übertragen Sie für die Glasbanderole die Vorlage auf das weiße Papier und schneiden Sie diese an den durchgezogenen Linien aus. Bestempeln Sie zwei 6 cm x 6 cm große Quadrate aus Butterbrotpapier mit dem Stempel „Frohe Weihnachten" und fixieren Sie eines davon mit etwas Dekoklebeband hinter dem Sichtfenster der Banderole. Nähen Sie das Butterbrotpapier mit einer Nähmaschine wie abgebildet an der Banderole fest und bringen Sie die Banderole mithilfe des Dekoklebebandes am Glas an.

Schneiden Sie für den Flaschenanhänger einen Kreis mit einem Durchmesser von 5 cm aus einem 7 cm x 7 cm großen Rechteck des weißen Papiers und legen Sie das zweite bestempelte Butterbrotquadrat hinter das Fenster. Fixieren und nähen Sie auch diese beiden Papiere zusammen. Bringen Sie oben eine weiße Öse an und schneiden Sie mit der Konturenschere ein rundes Etikett mit etwas Abstand zur Naht aus.

Für die beiden Häubchen einen 13,5 cm und einen 15,5 cm großen Kreis mit der Konturenschere aus dem Butterbrotpapier ausschneiden und nach Belieben mit dem Kreisstempel bestempeln. Stülpen Sie das kleinere Häubchen über den Flaschenkopf und das größere Häubchen über das Glas. Fädeln Sie den Anhänger für die Flasche auf ein Stück blaues Satinband und binden Sie es mit einer Schleife um den Flaschenhals. Fixieren Sie das Häubchen auf dem Glasdeckel, indem Sie auch hier eine schöne Schleife binden.

Material

- Papier in Weiß
- Butterbrotpapier
- Stempel „Frohe Weihnachten"
- Stempelfarbe in Blau
- Dekoklebeband
- Konturenschere mit Zackenrand
- Öse in Weiß
- Loch- und Ösenzange
- Kreisstempel
- Stempelfarbe in Blau- und Grüntönen
- Satinband in Blau, 4 mm breit

Vorlage Seite 146

Weihnachtlicher Karamell-Likör

cremig-sahnig!

Den Zucker in einer Pfanne unter Rühren mit einem Holzlöffel erhitzen. Sobald der Zucker zu schmelzen beginnt und goldbraun karamellisiert, die Sahne zugeben und ablöschen. Vorsicht! – Die Sahnemischung steigt einmal hoch. Bei geringer Hitze etwa 5 Minuten köcheln lassen. Dann den Cognac unterrühren.

Die Gewürze in eine Flasche geben und den Liköransatz darauf gießen. Das Ganze im kalten Keller oder Kühlschrank 1 bis 2 Tage durchziehen lassen und dann in eine ½ l Flasche oder mehrere kleine Flaschen füllen.

Tipp: Man kann den Likör auch wieder erhitzen und in ganz kleine Einmachgläser (Likörglas-Größe) füllen und anziehen lassen. Super zum Mitnehmen auf einer Winterwanderung!

Der Likör ist im Kühlschrank aufbewahrt 4–6 Wochen haltbar. Vor dem Ausschenken immer kurz schütteln.

Die Verpackungsidee für den Karamell-Likör finden Sie auf Seite 50/51.

Zutaten für 1 Flasche á 500 ml

100 g Zucker
250 ml süße Sahne
250 ml Cognac
1 TL getrockneter Ingwer
1 Zimtstange
2 Kardamomkapseln

15 Min. Zubereitung
2 Tage Durchziehzeit

Frohe
Weihnachten

Frohe Weihnachten
Frohe Weihnachten

Edle Banderole und Etikett

für den Karamell-Likör

Material
- Papier in Gold
- Papier in Creme
- Transparentpapier
- Knopflochgarn in Weiß
- Faden in Weiß
- Nadel
- Ahle

Schneiden Sie für die Banderole aus dem goldenen Papier ein 8 cm x 24 cm großes Rechteck, aus dem cremefarbenen Papier ein 6,8 cm x 24 cm großes Rechteck und aus dem Transparentpapier ein 6 cm x 24 cm großes Rechteck aus. Legen Sie das cremefarbene auf das goldene und das Transparentpapier auf das cremefarbene Papier und richten Sie die Papiere so zueinander aus, dass sie parallel zur langen Seite jeweils einen gleich großen Rand haben. Nähen Sie nun alle drei Papiere wie abgebildet an der Nähmaschine mit einem schmalen Zickzackstich zusammen.

Zeichnen Sie ganz nach Belieben mit Geodreieck und Bleistift ein bis drei Schneeflocken auf die Banderole und legen Sie sich anschließend ein Stück Pappe unter die Banderole. Stechen Sie die Punkte, an denen sich die Linien der Schneeflocken berühren, mit einer Ahle durch das Papier und sticken Sie die Schneeflocken mit dem Knopflochgarn auf die Banderole.

Schneiden Sie für das Etikett aus dem goldenen Papier ein 4 cm x 7,5 cm großes Rechteck und aus dem cremefarbenen Papier ein etwas kleineres Rechteck zu. Kappen Sie frei Hand mit der Schere jeweils die beiden oberen Ecken der Papiere und fixieren Sie beide anschließend so aufeinander, dass ringsherum ein gleichmäßiger Rand zu sehen ist. Verzieren Sie die drei Kanten des cremefarbenen Papiers an der Nähmaschine mit dem Zickzackstich und beschriften Sie anschließend das Etikett nach Wunsch. Banderole und Etikett an der Flasche anbringen.

Himbeer-Grappa-Likör
fruchtiger Genuss

Kandis, Himbeeren und Vanille in ein Gefäß geben und mit dem Grappa übergießen. Das Ganze verschlossen mindestens 2 Wochen stehenlassen. Dann durch ein Sieb gießen und in eine saubere Flasche füllen.

Tipp: Anstelle von frischen Himbeeren können Sie auch tiefgekühlte Himbeeren verwenden.

Der Himbeer-Grappa-Likör ist etwa 1 Jahr haltbar.

Die Verpackungsidee für den Himbeer-Grappa-Likör finden Sie auf Seite 54/55.

Zutaten für 1 Flasche à 500 ml

100 g weißer Kandis
200 g Himbeeren
1 Msp. gemahlene Vanille
500 ml Grappa

5 Min. Zubereitung
2 Wochen Durchziehzeit

HIMBEER
GRAPPA
LIKÖR
HIMBEER
GRAPPA
LIKÖR
HIMBEER
GRAPPA
LIKÖR

Flaschenschmuck für den Himbeer-Grappa-Likör

Material
- Papier in Weinrot
- Fähnchenstempel mit Zickzackmuster
- Stempelfarbe in Weiß
- Papier in Weiß
- Buchstabenstempel
- Stempelfarbe in Schwarz
- Konturenschere mit Wellenrand
- Öse in Silber
- Loch- und Ösenzange
- Dekoklebeband

Schneiden Sie aus dem weinroten Papier einen 5 cm x 22 cm langen Streifen aus und bestempeln Sie ihn wie abgebildet mit dem Fähnchenstempel. Lassen Sie die weiße Stempelfarbe gut trocknen.

Schneiden Sie aus dem weißen Papier ein 8 cm x 4 cm großes Rechteck aus und bestempeln Sie es mit dem Rezeptnamen. Runden Sie die beiden Ecken rechts vom Text ab und verzieren Sie den Teil links der Buchstaben mit der Konturenschere, indem Sie die beiden Ecken im Halbkreis wegschneiden.

Legen Sie das Etikett mittig auf die bestempelte Banderole, sodass oben und unten ein Rand von jeweils 5 mm zu sehen ist. Lochen Sie Banderole und Etikett und verbinden Sie beide miteinander, indem Sie eine silberfarbene Öse durch das Loch anbringen.

Legen Sie die fertige Banderole straff um die Flasche und verschließen Sie diese auf der Rückseite mithilfe des Dekoklebebandes.

Trinkschokolade mit Kardamom

zum Genießen

Die Blockschokolade auf einer groben Gemüsereibe raspeln. Am besten geht das in einer Küchenmaschine. Das Kakaopulver, den Zucker und den Kardamom untermengen. Alles in die Geschenkverpackung (Herstellung siehe Seite 58/59) füllen.

1 EL der Schokoladenmischung mit 1 Tasse Milch in einen Topf geben, unter Rühren aufkochen lassen und heiß servieren.

Das Trinkschokolade-Pulver ist – kühl, trocken und dunkel aufbewahrt – etwa 1 Jahr haltbar.

Die Verpackungsidee für das Trinkschokoladenpulver finden Sie auf Seite 58/59.

Zutaten für 8–10 Tassen Trinkschokolade bzw. für ca. 200 g Pulver

100 g Blockschokolade
50 g Kakao
30 g Zucker
½ TL gemahlener Kardamom

5 Min. Vorbereitung

MERRY
Christmas
MERRY
Christmas
MERRY
Christmas

Geschenkpyramide für das Trinkschokoladenpulver

Übertragen Sie die Vorlage für die Schachtel auf den gemusterten Karton und schneiden Sie diese an den durchgezogenen Linien aus. Falzen Sie den Karton mithilfe von Lineal und Falzbein an den gestrichelten Linien und lochen Sie ihn an den markierten Stellen mit der Lochzange. Verzieren Sie den Rand der kleinen Klappe wie abgebildet mit der Konturenschere.

Für das Schild die entsprechende Vorlage auf das weiße Papier übertragen und mit Text- und Schneeflockenstempel bedrucken. Kleben Sie das Schild an die markierte Stelle des Schachtelkartons.

Die Trinkschokolade in die Spitztüte füllen und gut verschließen, dann die kleine Tüte in die Schachtel legen und die Schachtel zusammenfalten. Das Satinband wie abgebildet einfädeln und vorn zu einer Schleife binden.

Material

Karton, braun gemustert
Lochzange
Konturenschere mit Wellenrand
Papier in Weiß
Stempel „Merry Christmas"
Stempelfarbe in Blau
Stempel „Schneeflocke"
Stempelfarbe in Gold
doppelseitige Klebefolie
Spitztüte aus Pergamin
Satinband in Braun, 4 mm breit

Vorlagen Seite 151

Kinder-Tee-Punsch

Lässt Kinderherzen höher schlagen!

½ l Wasser zum Kochen bringen. Den Roibuschtee und die Glühweingewürz-Mischung in einen Teebeutel geben und mit kochendem Wasser übergießen. Den Tee 10 Min. ziehen lassen. In der Zwischenzeit die Orangen halbieren und auspressen, sodass ca. ½ l Saft entsteht.

Den Teebeutel entfernen und den Tee mit den beiden Säften mischen. Auf dem Herd erhitzen und in eine Flasche oder in Einmachgläser füllen. Beides sofort verschließen.

Tipp: Wem es nicht süß genug ist, gibt noch ein wenig braunen Zucker oder Honig hinzu.

Der Kinder-Tee-Punsch ist im Kühlschrank mindestens 3–4 Tage haltbar.

Die Verpackungsidee für den Kinder-Tee-Punsch finden Sie auf Seite 62/63.

Zutaten für 8 Becher

4 TL Roibuschtee-Mischung
½ TL Glühweingewürz-Mischung
½ l Saft von frisch gepressten Orangen (4 Stück)
½ l Kirschsaft

15 Min. Zubereitung

Bunte Sachen für den Kinder-Tee-Punsch

Ein Stück des gepunkteten Kartons mit dem Geschenk-Stempelmotiv bestempeln, oben mit einem Bürolocher lochen und mit der Zackenschere in Form eines Geschenks ausschneiden. Das Etikett mit dem Schleifenband durch die silbernen Klammern des Glases festbinden.

Für das Deckeletikett einen Kreis mit einem Durchmesser von 4,3 cm ausschneiden und im Deckel fixieren.

Für die Strohhalme ein 2,5 cm x 7 cm großes Rechteck aus dem Karton ausschneiden und den Rand mit der Konturenschere verzieren. Die Strohhalme halbieren und zwei unterschiedlich gemusterte, halbe Strohhalme auf dem Rechteck leicht versetzt anbringen. Dann mit dem Dekoklebeband eine Banderole um Strohhalme und Karton kleben und beides mithilfe des doppelseitigen Klebebandes am Deckelrand fixieren.

Material

- Einmachglas
- Karton in Rosa-Weiß gepunktet
- Stempel „Geschenk"
- Stempelfarbe in Dunkelrot
- Bürolocher
- Konturenschere mit Zackenrand
- Schleifenband in Grau-Weiß kariert
- Papierstrohhalme in Weiß-Silber und Weiß-Blau gemustert
- Dekoklebeband
- doppelseitiges Klebeband

Backwerk fürs Fest

Leckeres Backwerk zur Weihnachtszeit – das kleine Glück für große Genießer! Verwöhnen Sie Ihre Lieben mit Leckereien, die auf der Zunge zergehen. Ob mit Puderzucker bestäubt oder mit Quark verfeinert, diese Köstlichkeiten finden Liebhaber.

EIN
LIEBER
GRUSS
VOM
NIKOLAUS

Frohes Fest!

Nur das
Beste zum Fest.
Kreative Interpretationen
der traditionellen Klassiker
zaubern eine moderne Note auf den
Gebäckteller. Also heizen Sie
den Ofen an für Kuchenleckereien
wie Cheesecake-Muffins,
Schoko-Karamell-Tarte oder
Mini-Christstollen.

Cola-Cake-Pops

Bunte Happen

Die Cake-Pops-Backmulden dünn mit Butter einpinseln. Den Backofen auf 180 °C vorheizen. Butter, Zucker, Salz schaumig rühren. Eier nach und nach unterrühren. Mehl mit Kakao und Backpulver mischen, unter den Teig rühren, zum Schluss die Cola unterrühren. Den Teig in einen Spritzbeutel mit großer Lochtülle füllen, in die Cake-Pop-Formenhälften füllen, zweite Form auflegen. Im Ofen auf der mittleren Schiene etwa 15 Min. backen.

Die Cake-Pops-Backform öffnen und vollständig in der Form auskühlen lassen. Herauslösen, mit Glasuren überziehen und Streuseln, Mandeln oder Smarties verzieren. Oder mit weißer bzw. dunkler Schokolade auf dunkler bzw. heller Farbe bemalen.

Die Cake-Pops sind 1 Woche haltbar.

Die Verpackungsidee für die Cake-Pops finden Sie auf Seite 70/71.

Zutaten für 24 Stück

Für den Teig
125 g weiche Butter
125 g Zucker
1 Prise Salz
2 Eier (Größe M)
125 g Mehl
2 EL Kakaopulver (ungesüßt)
½ TL Backpulver
50 ml Colagetränk

Zum Glasieren und Bestäuben
300 g dunkle Kuvertüre
300 g weiße Kuvertüre
Glitzerstreusel
gehackte Mandeln
gehackte Smarties
bunte Zuckerstreusel

1–2 Std. Zubereitung
15 Min. Backzeit

Von Herzen
Von Herzen

Becher-Zierde für die Cake-Pops

Auf das rote Papier frei Hand eine Schleife aufzeichnen, ausschneiden und mit dem Dekoklebeband wie abgebildet um den Bauch des Bechers kleben.

Für die Cake-Pops-Schilder 1,5 cm x 9 cm große Streifen ausschneiden und mit der silberfarbenen Aquarellfarbe die eine Hälfte des Schildes anmalen. Sobald die Farbe getrocknet ist, den Text und das Herz aufstempeln. Rechts vom Text ein Dreieck aus dem Papier schneiden, sodass ein Fähnchen entsteht. Das Fähnchen mit dem doppelseitigen Klebeband an den Stielen der Cake-Pops ankleben.

Die Steckmasse auf das Maß des Bechers zuschneiden und vorsichtig hineindrücken. Nach Belieben die Cake-Pops hineinstecken.

Tipp: Sie können noch zusätzliches Tannengrün in den Becher stecken, um den weihnachtlichen Eindruck zu verstärken.

Material

- Becher in Weiß
- Papier in Rot
- Dekoklebeband in Rot mit weißen Schneeflocken
- Papier in Weiß
- Aquarellfarbe in Silber
- Textstempel zum Selbersetzen
- Stempel „Herz"
- Stempelfarbe in Schwarz
- doppelseitiges Klebeband
- Steckmasse aus dem Blumenladen

Schoko-Karamell-Tarte

Süße Weihnachtsträume

Butter, Zucker und Ei schaumig rühren. Mandeln und Mehl unterkneten. Den Teig in Folie wickeln, 2 Std. kalt stellen.

Backofen auf 200 °C vorheizen. Den Teig auf bemehlter Fläche ausrollen. Eine Springform mit dem Teig auskleiden und einen 2 cm hohen Rand formen. Die Tarte mit Backpapier abdecken, mit getrockneten Hülsenfrüchten (z. B. Erbsen) beschweren, Tarte 20 Min. backen. Hülsenfrüchte (wieder verwendbar) und Papier entfernen. Boden 5 Min. weiterbacken.

Schokolade und Toblerone hacken, mit Butter in einer Schüssel über einem heißen Wasserbad schmelzen. Kuchenboden mit 2 EL Schoko-Mix bepinseln, kalt stellen. Sahne steif schlagen. Ei mit Zucker schaumig aufschlagen, Schokomasse und Sahne mit einem Teigschaber unterheben, auf dem Boden verteilen, über Nacht kalt stellen. Tarte mit Plätzchen verziert servieren.

Die Schokotarte ist, im Kühlschrank aufbewahrt, 1–2 Tage haltbar.

Die Verpackungsidee für die Schokotarte finden Sie auf Seite 74/75.

Zutaten für eine Springform, Ø 20 cm bzw. 8 Stücke

Für den Boden
80 g Butter
60 g Zucker
1 Ei
50 g gemahlene, blanchierte Mandeln
120 g Mehl
¼ TL abgeriebene Orangenschale

Für die Mousse
50 g Schokolade mit 70 % Kakao
100 g Toblerone®
Vollmilch-Mandel
30 g Butter
200 g Schlagsahne
1 Ei
1 EL Zucker

40 Min. Zubereitung
20 Min. Backzeit
2 Std. Kühlzeit für den Teig
1 Tag Kühlzeit für den Kuchen

SCHOKO
KARAMELL
TARTE

SCHOKO
KARAMELL
TARTE

Sternenkarton

für die Schokotarte

Material
Karton mit Sternenmuster
doppelseitiges Klebeband
Karton in Silber
Lochzange
Naturkarton
Aquarellfarbe in Braun
Buchstabenstempel
Stempel „Schneeflocke"
Stempelfarbe in Weiß
Satinband in Braun,
4 mm breit

Vorlagen Seite 150

Übertragen Sie je nach Wunsch entweder die kleine oder die große Vorlage viermal auf den gemusterten Karton und schneiden Sie diesen an den durchgezogenen Linien aus. Falzen Sie den Karton an den gestrichelten Linien mithilfe von Lineal und Falzbein. Bekleben Sie die kurzen Laschen mit dem doppelseitigen Klebeband und montieren Sie die Schachtelwände zusammen.

Schneiden Sie für den Boden der kleinen Schachtel ein 11 cm großes und für den der großen Schachtel ein 21,5 cm großes Quadrat aus dem silberfarbenen Karton aus und kleben Sie ihn von oben in die Schachtel.

Für den großen Anhänger ein 6 cm x 16 cm großes und für den kleinen Anhänger ein 4 cm x 7 cm großes Rechteck aus dem Naturkarton ausschneiden. Mit der braunen Aquarellfarbe wie abgebildet drei Streifen auf den Karton aufmalen und das gleiche nach dem Trocknen auf der Rückseite wiederholen, damit sich der Karton nicht ungleichmäßig verzieht. Auf den großen Anhänger den Text und auf den kleinen Anhänger die Schneeflocke aufstempeln.

Schneiden Sie die beiden rechten Ecken des Karton weg, sodass ein Fähnchen entsteht und lochen Sie den Karton in den gegenüberliegenden Ecken. Markieren Sie sich, wo der Anhänger auf der Schachtel sitzen soll und lochen Sie den Karton an den entsprechenden Stellen. Binden Sie anschließend den Anhänger mit dem braunen Satinband und einer schönen Schleife an der Schachtel fest.

Mini-Rübli-Gugelhupf

Grüße aus der Schweiz

Die Möhren waschen, putzen und schälen, dann fein raspeln. Das Ei mit dem Honig und Öl verrühren. Die Buttermilch hinzufügen und ebenfalls unterrühren.

Mehl, gemahlene Haselnüsse, Gewürze, Backpulver und Natron vermischen und die Mehlmischung zusammen mit den geraspelten Möhren unter die Teigmasse rühren. Den Backofen auf 180 °C vorheizen.

Gugelhupfmulden auf dem Blech einfetten und den Teig mit einem Esslöffel auf die Mulden verteilen. Die Gugelhupfe auf mittlerer Schiene etwa 20 Min. backen. Die Gugelhupfe einen Moment in der Form ruhen lassen, dann aus den Vertiefungen nehmen und auf einem Kuchengitter auskühlen lassen.

Tipp: 100 g Schokolade reiben und mit 2 EL Sahne in der Mikrowelle schmelzen, umrühren und als Sauce zu den Gugelhupfen reichen. Für alle 12 brauchen Sie das doppelte bis dreifache Rezept.
Unwiderstehlich!!!

Die Mini-Gugelhupfe sind 3 Tage haltbar.

Die Verpackungsidee für die Mini-Gugelhupfe finden Sie auf Seite 78/79.

Zutaten für 12 Stück

250 g Möhren
100 ml Rapsöl
150 g Honig
1 Ei
250 ml Buttermilch
250 g Mehl
100 g gemahlene Haselnüsse
1 TL Backpulver
1 TL Natron
1 TL Zimt
1 Msp. Muskat
1 Msp. Nelken

25 Min. Zubereitung
20 Min. Backzeit

Fesche Baumtüten für die Gugelhupf-Minis

Übertragen Sie die Vorlage auf das gemusterte Papier und schneiden Sie den Halbkreis an der durchgezogenen Linie aus. Legen Sie dann das Papier so vor sich hin, dass die Rückseite nach oben und die gerade Kante nach links zeigt.

Falzen Sie das Papier, wie es die Linien der Vorlage vorgeben, im Zickzack hin und her, sodass ein schöner Tannenbaum entsteht.

Bringen Sie oben in der Spitze eine Öse an und binden Sie den Baum nach dem Befüllen der Tüte mit einer Schleife daran fest.

Material

Papier in Grün oder Rot gemustert
Schleifenband, farblich passend
Öse
Loch- und Ösenzange
Zellophantüte, 9,5 cm x 16 cm

Vorlage Seite 146

Mini-Marzipanstollen
nicht nur aus Dresden

Die Butter bei mäßiger Hitze in einem Topf zerlassen, abkühlen lassen. Die Milch erwärmen. Das Mehl in eine Rührschüssel sieben und die Hefe darunter mischen. Milch, flüssige Butter, 1 Eigelb, Salz, Zucker, Vanillezucker, Orangenschale und Zimt zu dem Mehl geben.

Die Zutaten mit den Knethaken eines Handrührgeräts auf höchster Stufe verkneten. Den Teig zugedeckt an einem warmen Ort etwa 45 Min. gehen lassen.

Die Rosinen im Apfelsaft einweichen. Die Marzipanrohmasse zerbröseln und mit gesiebtem Puderzucker, Likör, Orangeat und einem Eigelb verkneten. Den Hefeteig auf eine bemehlte Arbeitsfläche geben, Zitronat, Mandeln und abgetropfte Rosinen dazugeben und alles glatt kneten. Den Teig in drei gleich große Stücke teilen und ausrollen. Marzipanmasse ebenfalls in drei Teile teilen, ausrollen und auf den Hefeteig legen, etwas andrücken und den Teig aufrollen.

Den Teig mit dem Nudelholz längs in der Mitte etwas dünner rollen. Eine Teighälfte auf die andere schlagen, etwas andrücken. Die Stollen auf ein mit Backpapier ausgelegtes Backblech setzen und an einem warmen Ort nochmals etwa 30 Min. gehen lassen. Den Backofen auf 250 °C vorheizen.

Das Blech auf der zweiten Schiene von unten in den Ofen schieben. Backofen auf 170 °C zurückschalten und den Stollen etwa 30 Min. backen.

Die Butter zerlassen, die heißen Stollen damit bestreichen und mit der Hälfte des Puderzuckers bestäuben. Den Stollen abkühlen lassen und mit dem restlichen Puderzucker bestäuben.

Die Mini-Stollen sind 1–2 Wochen haltbar.

Die Verpackungsidee für die Mini-Stollen finden Sie auf Seite 82/83.

Zutaten für 3 Stück

150 g Butter
100 ml Milch
400 g Weizenmehl Type 405
1 Pck. Trockenhefe
2 Eigelb
1 Prise Salz
50 g Zucker
1 Pck. Vanillezucker
abgeriebene Schale von 1 Orange (Bio)
½ TL gemahlener Zimt
125 g Rosinen
125 ml Apfelsaft
150 g Marzipanrohmasse
100 g Puderzucker
1 EL Orangenlikör
50 g gewürfeltes Orangeat
100 g gewürfeltes Zitronat
100 g abgezogene, gehackte Mandeln
Mehl für die Arbeitsfläche
70 g Butter zum Bestreichen
70 g Puderzucker zum Bestäuben

1 Std. Zubereitung
1½ Std. Gehzeit
30 Min. Backzeit

Gestreifte Banderole für die Mini-Stollen

Schneiden Sie aus dem Papier einen 10 cm breiten und 48 cm langen Streifen zu und aus dem weißen Karton einen Kreis mit einem Durchmesser von 2,5 cm aus.

Bringen Sie den Kreis mithilfe der Musterbeutelklammer an einem Ende des Papierstreifens an und wickeln Sie ein Satinband mit einer Länge von mindestens 65 cm daran fest.

Schlagen Sie den Stollen gut in Butterbrotpapier ein, wickeln Sie die Banderole um den Bauch des Stollens und das Satinband mehrmals um den Verschluss.

Material
- Papier in Grün-Türkis-Gold gestreift
- Fotokarton in Weiß
- Musterbeutelklammer
- Satinband in Creme oder Braun, 4 mm breit
- Butterbrotpapier

Orangen-Quark-Törtchen

Kulinarische Wintersonne

Den Backofen auf 180 °C vorheizen. Orangen heiß abbrausen und trocken reiben. Von der Bio-Orange 1–2 EL Schalenstreifen mit einem Zestenreißer abziehen. Restliche Bio-Schale abreiben. Alle Orangen so dick schälen, dass die weiße Haut mit entfernt wird. Filets zwischen den Trennhäuten herausschneiden, Saft dabei auffangen. Filets in 2 cm große Stücke schneiden.

Quark mit saurer Sahne, Eiern, Zucker, Salz glatt rühren. Stärke, abgeriebene Orangenschale und Orangensaft unterrühren. Fruchtstücke unterheben.

Teigblatt in Quadrate von 15 cm Kantenlänge schneiden, mit zerlassener Butter bepinseln. Je 2 Stücke sternförmig übereinanderlegen. Die gefetteten Mulden eines Muffinblechs mit den doppelten Teigblättern auslegen, dabei die Ränder aufstellen.

Quarkmasse hineingeben und die Törtchen im Ofen etwa 25 Min. backen, bis die Teigspitzen schön gebräunt sind. Abkühlen lassen. Mit Puderzucker bestäubt servieren.

Die Orangen-Törtchen sind, im Kühlschrank aufbewahrt, 1–3 Tage haltbar.

Die Verpackungsidee für die Orangen-Törtchen finden Sie auf Seite 86/87.

Zutaten für 12 Stück

3 Orangen (davon 1 Bio)
400 g Speisequark (20 % Fett i. Tr.)
150 g saure Sahne
3 Eier (Größe M)
200 g Zucker
1 Prise Salz
2 EL Speisestärke
1–2 EL Zitronensaft
200 g Filoteig (ersatzweise Strudelteig; Kühlregal)
60 g zerlassene Butter
Puderzucker zum Bestäuben

30 Min. Zubereitung
25 Min. Backzeit

Orangen-Quark-Törtchen
Orangen-Quark-Törtchen

Hübsche Tüten für die Orangen-Törtchen

Übertragen Sie die Vorlage zweimal auf den gestreiften Karton und schneiden Sie diese aus. Legen Sie beide Teile passgenau übereinander und kleben Sie die zwei Teile nur oben am Henkel zusammen. Schneiden Sie aus dem orangefarbenen Karton ein 12 cm x 2,5 cm großes Rechteck und aus dem weißen Papier ein 11,5 cm x 2 cm großes Rechteck aus.

Bestempeln Sie das weiße Papier mittig mit dem Fähnchenstempel und schneiden Sie das Papier rechts davon so ein, dass ein Fähnchen entsteht. Kleben Sie das weiße Papier auf den Karton und beides wie abgebildet auf den Henkel des gestreiften Kartons. Stanzen Sie mit der Lochzange zwei Löcher und bringen Sie mit dem Satinband eine schöne Schleife an.

Nehmen Sie nun die weiße Papiertüte zur Hand und schneiden Sie den oberen Teil der Tüte mit den Henkeln ab und ein Sichtfenster passend zu Ihrem Törtchen in die Vorder- und Rückseite ein. Setzen Sie anschließend das Törtchen hinein. Legen Sie den Henkel aus dem gestreiften Karton so über den oberen Teil der Tüte, dass jeweils ein Stück des Kartons vor und ein Stück dahinter liegt und tackern Sie den Karton mit dem Büroheftgerät an der Tüte fest.

Material

Karton in Orange-Weiß gestreift
doppelseitige Klebefolie
Fotokarton in Orange
Papier in Weiß
Fähnchenstempel
Stempelfarbe in Schwarz
Lochzange
Papiertüte, 12 cm x 15 cm
Satinband in Blau, 4 mm breit
Büroheftgerät

Vorlage Seite 149

Cheesecake-Muffins

weihnachtlich exotisch

150 g Plätzchenbruch fein zerbröseln, mit der Butter verkneten. Je 2 Papierförmchen ineinanderstellen und in die Mulden der Muffin-Form setzen. Den Boden der Förmchen mit den Keks-Butter-Bröseln bedecken, fest andrücken.

Übrige Plätzchen (150 g) grob zerhacken. Gezuckerte Ananas sehr fein würfeln. Den Backofen auf 200 °C vorheizen. Zucker mit Eiern, Vanillekochpuddingpulver, Zitronenschale, Frischkäse und Ananaswürfeln verrühren. Plätzchenbruch darunterheben, Masse in die Förmchen füllen. Die Muffins mit Kokosflocken bestreuen und im Ofen ca. 30 Min. backen.

Die Cheesecake-Muffins sind, im Kühlschrank aufbewahrt, 1–4 Tage haltbar.

Die Verpackungsidee für die Cheesecake-Muffins finden Sie auf Seite 90/91.

Zutaten für 12 Stück

300 g Weihnachtsplätzchenbruch (z. B. Mürbeteigplätzchen, Lebkuchen, Zimtsterne)
50 g weiche Butter
70 g gezuckerte Ananas
80 g Zucker
2 Eier (Größe M)
1 Pck. Vanille-Puddingpulver (zum Kochen, für 500 ml Milch)
½ TL abgeriebene Zitronenschale (Bio)
½ TL Zimt
400 g Doppelrahmfrischkäse
24 Muffin-Papierförmchen
Kokosflocken zum Bestreuen

20 Min. Zubereitung
30 Min. Backzeit

EIN
LIEBER
GRUSS
VOM
NIKOLAUS

Lustige Säckchen für die Cheesecake-Muffins

Material
Jutegewebe
Karton in Braun
Buchstabenstempel
Stempelfarbe in Weiß
Holzspieß, ca. 20 cm lang
Dekoklebeband
Karton in Rot-Weiß gestreift
Papier in Weiß
Konturenschere mit Zacken- und Wellenrand
Zellophantüte, 14,5 cm x 23,5 cm

Schneiden Sie aus dem Jutegewebe ein 18,5 cm x 45 cm großes Rechteck aus und falten Sie den Stoff parallel zur kurzen Seite. Nähen Sie den Stoff an den langen Seiten zu einem Säckchen zusammen und vernähen Sie die Fadenenden, indem Sie mehrmals vor- und zurücknähen. Versäubern Sie die obere Säckchenkante mit einem schmalen Zickzackstich, damit der Stoff nicht ausfranst. Falten Sie die unteren Ecken und nähen Sie etwa 3 cm von der Spitze jeweils einmal quer über die Ecke, sodass ein 3 cm breiter Boden entsteht. Wenden Sie den Sack.

Bestempeln Sie den braunen Karton wie abgebildet mit dem lieben Gruß. Die weiße Stempelfarbe gut trocknen lassen. Schneiden Sie anschließend den Text ringsherum aus und kleben Sie ihn auf ein etwas größeres Stück weißes Papier. Verzieren Sie den oberen und unteren Rand mit der Konturenschere mit Zackenrand und kleben Sie den Holzspieß auf der Rückseite mit Dekoklebeband fest.

Zeichnen Sie frei Hand einen kleinen Stiefel auf den gestreiften Karton und schneiden Sie ihn aus. Passend dazu ein Rechteck aus weißem Papier für die Krempe mit der Konturenschere mit Wellenrand ausschneiden und am Stiefel festkleben.

Die Zellophantüte mit dem Gebäck füllen, verschließen und in den Sack stellen. Die Öffnung des Sacks einmal nach hinten einschlagen und mit dem Stiefel und der Holzklammer verschließen. Zum Schluss noch das Schild mit dem lieben Gruß durch die Vorderseite des Sacks stecken.

Feines Konfekt

Mit dem leckeren Konfekt ist jeder Tag wie Weihnachten. Ehemals waren das kandierte Früchte, die durch den Zucker haltbar gemacht wurden. Heutzutage sind das feine Zucker- und Backwaren, die als kleine Sünde zwischendurch genascht werden.

Cranberry-
Schokoladenbruch

Für Mama
Frohes Fest
Für Omi
Frohes Fest
Für Papa
Frohes Fest

VANILLESCHOKOWÜRFEL

Schokowürfel,
Bethmännchen oder
beschwipste Früchte – für jeden
Geschmack und jede Gelegenheit
ist etwas Passendes dabei.
Die feinen Süßwaren lassen sich
recht einfach herstellen und in
hübscher Verpackung sehen sie
zum Anbeißen aus! Ob fruchtig,
nussig oder schokoladig
– los geht´s!

Bethmännchen im grünen Kleid

Die Pistazien mit einem kleinen spitzen Messer vorsichtig halbieren. Marzipan grob reiben. Ein Eiweiß mit Marzipan, Zitronensaft, Mehl und Puderzucker mit den Händen verkneten. Aus der Masse ca. 40 kirschgroße Kugeln formen. Jeweils vier Pistazienhälften rundherum im gleichen Abstand andrücken.

Den Backofen auf 140 °C vorheizen. Kugeln auf ein mit Backpapier belegtes Blech setzen. Übriges Eiweiß mit Orangenlikör verrühren und die Bethmännchen damit bepinseln. Im Ofen in etwa 35 Min. goldbraun backen.

Die Bethmännchen sind 4–6 Wochen haltbar.

Die Verpackungsidee für die Bethmännchen finden Sie auf Seite 98/99.

Zutaten für 40 Stück

30 g geschälte Pistazien
250 g Marzipan-Rohmasse
2 Eiweiß (Größe S)
1 TL Zitronensaft
1 EL Mehl
80 g Puderzucker
nach Belieben
1 TL Orangenlikör, z. B. Grand Marnier

40 Min. Zubereitung
35 Min. Backzeit

beth
männ
chen
im
grünen
kleid
beth
männ
chen
im
grünen
kleid

Feine Beutel für die Bethmännchen

Übertragen Sie die Vorlage für das Kleid auf den gestreiften Karton und die Vorlage für die Schürze auf das weiße Papier. Beides ausschneiden. Bestempeln Sie die Schürze mit den Buchstabenstempeln und kleben Sie diese nach dem Trocknen der Stempelfarbe auf das gestreifte Kleid auf.

Befüllen Sie die Papiertüte und schlagen Sie den oberen Teil mehrmals ein, um die Tüte zu verschließen. Fädeln Sie das Kleid auf das karierte Band auf und binden Sie es mit einer Schleife um die Papiertüte.

Material
Karton in Grün-Weiß gestreift
Papier in Weiß
Buchstabenstempel
Stempelfarbe in Grün
Schleifenband in Grün-Weiß kariert, 9 mm breit
Papiertüte mit Sichtfenster, 8 cm x 25 cm x 5 cm

Vorlagen Seite 144

Beschwipste Früchte

Naschen mit Umdrehung

Die Pflaumen und Aprikosen mit einer Nadel mehrmals einstechen, in Weinbrand einlegen. Kuvertüre hacken, über dem warmen Wasserbad schmelzen und etwas abkühlen lassen.

Die Früchte in einem Sieb abtropfen lassen und trockentupfen. In die Kuvertüre tauchen und auf Backpapier trocknen lassen.

Die Früchte sind gut gekühlt ca. 3 Wochen haltbar.

Die Verpackungsidee für die beschwipsten Früchte finden Sie auf Seite 102/103.

Zutaten für 25 Stück

250 g entsteinte, getrocknete Pflaumen und Aprikosen
150–200 ml Weinbrand
200 g Vollmilchkuvertüre

20 Min. Zubereitung
über Nacht Quellzeit
2 Std. Kühlzeit

Frohes Fest
Für Papa
Frohes Fest

Schöne Schachteln für beschwipste Früchte

Übertragen Sie die Vorlage auf die Rückseite des gemusterten Kartons und schneiden Sie ihn an den durchgezogenen Linien aus bzw. ein. Falzen Sie den Karton an den gestrichelten Linien mithilfe von Falzbein und Lineal.

Kleben Sie die Schachtel an der Lasche zusammen, falten Sie die Klappen für den Boden nacheinander so nach innen, dass immer zwei gegenüberliegende Klappen nacheinander geschlossen werden. Fixieren Sie mit der doppelseitigen Klebefolie die letzte Klappe an der vorherigen. Befüllen Sie die Schachtel und schließen Sie die Schachtel, indem Sie genauso wie beim Boden verfahren.

Schneiden Sie aus dem grauen Karton ein 4 cm x 10 cm großes Rechteck zu und falzen Sie es bei 1,5 cm und 8,5 cm parallel zur kurzen Seite. Runden Sie die Ecken ab und kleben Sie das Papier wie abgebildet an der äußeren Klappe fest.

Für das Etikett aus dem weißen Papier einen Kreis mit einem Durchmesser von 5 cm ausschneiden, mit Text- und Ornamentstempel bedrucken und mittig auf den grauen Papierstreifen kleben.
Zum Schluss auf die Lasche vorn Klebefolie aufkleben und die Schachtel verschließen.

Material

Karton in Rot-Grau gemustert
doppelseitige Klebefolie
Papier in Grau
Papier in Weiß
Textstempel zum Selbersetzen
Stempel „Ornament"
Stempelfarbe in Schwarz

Vorlage Seite 145

Kleine Warenkunde

Nüsse

Haselnuss

Die Gemeine Hasel, auch Haselstrauch oder Haselnussstrauch genannt, ist eine Pflanzenart aus der Familie der Birkengewächse. Viele Menschen vertragen diese Nusskerne nicht roh, doch bei ausreichend Hitze sind die meisten allergieauslösenden Eiweißstoffe zerstört.

Walnuss

Haselnuss

Pistazie

Walnuss

Lange Zeit galt die Walnuss gar nicht als Nuss, sondern als Steinfrucht. Nun steht fest: dank ihrer grünen Hülle ist die königliche Frucht des Jupiter, wie die Walnuss botanisch korrekt heißt, eine echte Nuss!

Pistazie

Der Pistazienbaum wächst bis zu 12 Meter hoch und wird bis zu 300 Jahre alt. Die Wurzeln können sich bis in eine Tiefe von 15 Meter erstrecken. Die Ernte der Pistazien erfolgt in einem zweijährigen Turnus. Im strengen botanischen Sinne handelt es sich übrigens um Steinfrüchte und nicht um Nüsse.

Mandel

Mandeln gehören zur Familie der Rosengewächse und stammen ursprünglich aus Asien. Heute wachsen sie vorzugsweise in Spanien, Italien und Kalifornien. Der Verzehr von Mandeln war früher ein Privileg reicher Leute und sie sollten Krankheiten heilen können.

Mandel

Pinienkerne

Pinienkerne

Pinienkerne werden auch Piniennüsse, Piniolen, Pignoli oder Zirbelnüsse genannt. Die Samenkerne stammen aus dem Zapfen einer speziellen mediterranen Pinie, in dem sie drei Jahre heranreifen. Geschmacklich erinnern sie leicht an Tannenharz und sollten vor dem Verzehr geröstet werden.

Macadamia

Harte Schale, weicher Kern – bei keiner anderen Nussart stimmt die Beschreibung so treffend wie bei Macadamia-Nüssen! Rein äußerlich erinnern sie an unsere Kastanien. Zu sehen bekommen wir die etwa 2–3 cm großen runden Steinnüsse allerdings fast nie samt Schale, denn sie ist nur mit Maschinen zu knacken und wird darum fast immer gleich nach der Ernte entfernt.

Macadamia

Cranberry-Schokoladenbruch für Naschkatzen

Die Cranberries grob hacken. Beide Schokoladensorten grob hacken. Die Hälfte in eine Schüssel geben und über dem Wasserbad schmelzen. Schüssel herausnehmen, übrige Schokolade und Butter einrühren, bis alles geschmolzen ist.

Flüssige Schokolade in eine mit Backpapier ausgelegte Form von 12 cm x 25 cm geben. Cranberries auf die flüssige Schokolade streuen und fest werden lassen.

Tipp: Anstelle der Cranberries eignen sich auch getrocknete Aprikosen oder geröstete Nüsse sehr gut. Diese ebenfalls vorher grob hacken.

Der Cranberry-Schokoladenbruch ist gut gekühlt ca. 3 Wochen haltbar.

Die Verpackungsidee für den Cranberry-Schokoladenbruch finden Sie auf Seite 108/109.

Zutaten für 24 Stück

100 g getrocknete Cranberries
100 g Vollmilchschokolade
200 g Zartbitterschokolade
50 g Butter

20 Min. Zubereitung
2 Std. Kühlzeit

Cranberry-Schokoladenbruch

Pinke Schachteln für den Cranberry-Schokoladenbruch

Schneiden Sie aus dem pinkfarbenen Papier einen 10,5 cm x 37 cm langen Streifen und aus dem purpur- bzw. violettfarbenen Papier einen 10 cm x 37 cm langen Streifen zu.

Bestempeln Sie den schmaleren Streifen parallel zur langen Seite mit der Ornamentbordüre. Die weiße Stempelfarbe gut trocknen lassen. Schneiden Sie anschließend mit einem Abstand von ca. 3 mm entlang der Bögen die äußeren Papierkanten weg.

Für das Schild ein 2,3 cm x 12 cm großes Rechteck aus dem weißen Karton ausschneiden, das obere Ende wie abgebildet spitz wegschneiden und das untere Ende mit der Konturenschere verzieren. Parallel zur schrägen Kante oben ein Stück pinkfarbenes Papier aufkleben, mittig eine weiße Öse anbringen und das Schild beschriften.

Die beiden Banderolen mittig ausgerichtet um die gefüllte Schachtel legen und auf der Unterseite mit Dekoklebeband fixieren. Das Schild mit einer Schleife anbringen.

Material

- Papier in Pink
- Papier in Purpur oder Violett
- Stempel „Ornamentbordüre“
- Stempelfarbe in Weiß
- Fotokarton in Weiß
- Konturenschere mit Wellenrand
- Öse in Weiß
- Loch- und Ösenzange
- weiße Schachtel, 12,5 cm x 10,5 cm x 6 cm
- Satinband in Weiß, 3 mm breit
- Dekoklebeband

Vanilleschokowürfel für Feinschmecker

Vanilleschoten längs aufritzen, Mark herausschaben. Vanillemark mit Sahne aufkochen, 10 Min. ziehen lassen. Schokolade klein hacken, in eine Schüssel geben. Sahne erneut aufkochen, zur Schokolade gießen. Schokolade unter Rühren in der Sahne auflösen. Butter unterrühren.

Die Form von ca. 15 x 25 cm mit Backpapier auslegen. Schokomasse ca. 1 cm hoch hineingießen. Im Kühlschrank 2 Std. fest werden lassen. Masse auf Backpapier stürzen, das Papier abziehen.

Schokomasse in ca. 2–3 cm große Würfel schneiden. Kakao in eine kleine Schüssel sieben, die Schokowürfel einzeln darin wenden.

Die Vanilleschokowürfel sind gut gekühlt ca. 2 Wochen haltbar.

Die Verpackungsidee für die Vanilleschokowürfel finden Sie auf Seite 112/113.

Zutaten für 40 Stück

2 Vanilleschoten
150 ml Schlagsahne
200 g dunkle Schokolade (70% Kakaoanteil)
20 g weiche Butter
4 EL Kakaopulver

30 Min. Zubereitung
2 Std. Kühlzeit

VANILLESCHOKOWÜRFEL
VANILLESCHOKOWÜRFEL
VANILLESCHOKOWÜRFEL

Schmale Kiste
für die Vanilleschokowürfel

Übertragen Sie die beiden Vorlagen auf den braunen Karton und schneiden Sie diese an den durchgezogenen Linien aus. Falzen Sie den Karton an den gestrichelten Linien und montieren Sie Schachtel und Schachtelhülle, nachdem Sie doppelseitiges Klebeband an den Laschen angebracht haben.

Schneiden Sie aus dem gemusterten Papier ein 14,5 cm x 20 cm großes Rechteck zu, legen Sie die Banderole straff um die Schachtelhülle und kleben Sie diese an der Unterseite mit Dekoklebeband fest.

Für die Beschriftung ein 1,8 cm x 20 cm großes Rechteck aus dem cremefarbenen Papier ausschneiden, bestempeln und mittig auf die Hülle auflegen. Die überstehenden Papierenden straff nach innen einschlagen und mit dem doppelseitigen Klebeband fixieren.

Material
Fotokarton in Braun
doppelseitiges Klebeband
Geschenkpapier in Hellblau und Grau gemustert
Dekoklebeband
Papier in Creme
Buchstabenstempel
Stempelfarbe in Blau
Butterbrotpapier

Vorlagen Seite 154–155

Weihnachtsglück im Glas

Nicht nur Zitronat oder Orangeat bringen Fruchtigkeit in die Weihnachtszeit. Verwenden Sie frische Früchte, um spritzige Frische ins Glas zu bringen. Obst entweder solo oder gepaart als Brotaufstrich sind mit den passenden Gewürzen leckere Köstlichkeiten zur Weihnachtszeit.

ALLES LIEBE
FÜR DICH

FÜR
DICH

Bratäpfel,
Birne Helene oder
Zitrusfrüchte-Marmelade
kombiniert mit Spekulatius oder
Kokosflocken werden zu frischen
exotischen Genussstücken. Im Glas
konserviert halten sich die Leckereien
eine Weile – auch über die
Weihnachtszeit hinaus, sodass
der gute Geschmack lange
anhält.

Nussiger Bratapfel im Glas
gut portioniert

Die Äpfel waschen und trockenreiben. Die Kerngehäuse der Äpfel mit dem Apfelausstecher entfernen. Honig mit Gewürzen und Walnüssen mischen und die Mischung mit einem Teelöffel in die Apfellöcher füllen.

Die Äpfel in die Gläser setzen, jeweils eine Flocke Butter auf die Äpfel geben und ohne Deckel bei 200 °C etwa 30 Min. im Ofen garen. Etwas abkühlen lassen und servieren oder die heißen Gläser sofort mit Deckeln verschließen. So bleiben die Äpfel mehrere Tage frisch und sind ein originelles Advents-Mitbringsel.

Tipp: Am besten schmeckt dazu Vanillesoße oder halbsteif geschlagene Sahne.

Die Bratäpfel sind, im Kühlschrank aufbewahrt, 3–4 Tage haltbar.

Die Verpackungsidee für die Bratäpfel finden Sie auf Seite 122/123.

Zutaten für 4 Einmachgläser à 370 ml

4 Äpfel (Boskop oder Cox Orange)
4 EL Honig
½ TL Zimt
1 Msp. Kardamom
1 Msp. Nelken
25 g gehackte Walnüsse

20 Min. Zubereitung
30 Min. Backzeit

frohes
fest
frohes
fest

Kariertes Band

für den Bratapfel im Glas

Übertragen Sie die Vorlage auf den karierten Karton und schneiden Sie diese an den durchgezogenen Linien aus. Falzen Sie den Karton mithilfe von Falzbein und Lineal an den gestrichelten Linien.

Bestempeln Sie die Banderole wie abgebildet mit Fähnchen- und Buchstabenstempeln. Malen Sie das Buchstabeninnere mit dem Silberstift aus, legen Sie die Banderole so um das Glas, dass es gut drin sitzt, und fixieren Sie den Karton auf der Unterseite mit Dekoklebeband.

Material

Karton in Grün-Weiß kariert
Fähnchenstempel mit Punkten
Stempelfarbe in Blau
Buchstabenstempel mit Konturlinie
Stempelfarbe in Schwarz
Metallicstift in Silber
Dekoklebeband

Vorlage Seite 144

Birne Helene
mal aus dem Ofen!

Vanille längs halbieren, Mark herausschaben und beiseite stellen. Schote mit Wein, 50 g Zucker, Zimt, Zitronensaft und -schale aufkochen. Birnen schälen. Von unten mit dem Apfelausstecher das Kerngehäuse so entfernen, dass der Stiel dranbleibt. Birnen in den leicht köchelnden Sud legen, 15–20 Min. ziehen lassen. Herausheben, abtropfen lassen.

Ofen auf 180 °C (Umluft: 160 °C) heizen. Schokolade hacken, in einer Schüssel über dem heißen Wasserbad schmelzen, etwas abkühlen lassen. Butter zugeben, cremig rühren. Eier abwechselnd mit übrigem Zucker (70 g) unter die Schokolade rühren. Mehl unterheben. In das Kerngehäuseloch jeder Birne 1 Toffifee® stecken.

Jede Birne in ein gefettetes, ofenfestes Förmchen setzen. Schokoteig angießen (das geht am besten mit einem Spritzbeutel ohne Tülle). Küchlein im Ofen ca. 25 Min. backen. Eventuell mit Alufolie abdecken, falls die Birnen zu dunkel werden.

Tipp: Dazu passt weiße Schokolade. Dafür 200 g Sahne und das Mark einer Vanilleschote in einem kleinen Topf aufkochen, 100 g gehackte weiße Schokolade darin schmelzen. Die weiße Schokoladensauce warm dazu servieren.

Die Birnen sind, im Kühlschrank aufbewahrt, 3–4 Tage haltbar.

Die Verpackungsidee für die Birne Helene finden Sie auf Seite 126/127.

Zutaten für 4 Personen

½ Vanilleschote
350 ml Weißwein (ersatzweise Apfelsaft)
120 g Zucker
1 Zimtstange
Saft und abgeriebene Schale von 1 Zitrone (Bio)
4 kleine Birnen (ersatzweise Birnenhälften)
50 g Zartbitter-Schokolade
75 g Butter
2 Eier
40 g Mehl
4 Toffifee®

40 Min. Zubereitung
25 Min. Backzeit

ALLES LIEBE
FÜR DICH

FÜR
DICH

Rote Schildchen für die Birne Helene

Stanzen Sie aus dem roten Papier zwei Etiketten aus und bestempeln Sie diese wie abgebildet mit dem Kreisstempel. Die weiße Stempelfarbe gut trocknen lassen.

Stempeln Sie anschließend auf ein Etikett „Für Dich“ und auf das andere Etikett „Alles Liebe“ auf und stechen Sie mit der Ahle jeweils zwei Löcher vor. Bringen Sie jeweils einen Zahnstocher durch die Löcher an und spießen Sie die zwei Schilder in eine der Birnen.

Material

Papier in Rot
Etikettenstanzer, 3 cm x 4,5 cm
Stempel „Kreisfläche“
Stempelfarbe in Weiß
Buchstabenstempel
Stempelfarbe in Schwarz
Ahle
Zahnstocher

Kleine Warenkunde

Zitrusfrüchte

Orange

Zitrone

Die Zitrone oder Limone ist die etwa faustgroße Frucht des Zitronenbaums. Sie stammt wahrscheinlich aus dem Norden Indiens. Um das Jahr 1000 sind erste sichere Nachweise sowohl in China als auch im Mittelmeerraum zu finden. Der Name Zitrone bezog sich früher auf die Zitronat-Zitrone. Erst im späten Mittelalter wurde der Name in einigen Sprachen auf die Zitrone übertragen, in anderen blieb es bei dem aus dem Arabischen entlehnten Wort „lemon“.

Grapefruit

Orange

Die Orange stammt aus China oder Südostasien und kam vor etwa 450 Jahren nach Europa. Sie entstand aus einer Kreuzung von Mandarine und Pampelmuse. Der heute immer mehr in Vergessenheit geratene Begriff Apfelsine erklärt, dass es sich um einen Apfel aus Sina (alter Begriff für China) handelt.

Zitrone

Grapefruit

Die Grapefruit ist aus einer Kreuzung von Orange und Pampelmuse entstanden. In der Umgangssprache, insbesondere in Norddeutschland, wird sie deswegen auch häufig als Pampelmuse bezeichnet. Der Name Grapefruit ist eine Zusammensetzung der englischen Wörter „grape“ für Traube und „fruit“ für Frucht. Er bezieht sich auf die weinrebenartige Form, in der die Früchte am Baum wachsen.

Kumquats

Kumquats, im Singular Kumquat, auch Zwergorangen oder Zwergpomeranzen, sind eine Pflanzengattung der Familie der Rautengewächse und eng mit den Zitruspflanzen verwandt. Die Früchte der Kumquat sind birnen- bis eiförmig und von höchstens 5 cm Länge, sie variieren in ihrer Farbe von dunkelorange bis goldgelb. Die Frucht wird in der Regel mit Schale und Kernen gegessen; die Schale schmeckt eher herb-süßlich, das Fruchtfleisch bitter bis sauer.

Kumquats

Zitronat

Zitronat

Zitronat oder Citronat (auch: Sukkade bzw. Succade, von lateinisch succidus) wird durch Kandieren aus den Schalen der Zitronat-Zitrone hergestellt. Die Frucht hat einen hohen Schalenanteil. Hauptanbaugebiete der Zitronat-Zitrone sind Italien, Korsika und Griechenland. Zitronat ist grün bis gelb, je nach Reife der Frucht. Der Zuckergehalt beträgt mindestens 65 %!

Orangeat

Orangeat, in Österreich Aranzini genannt, wird durch das Kandieren der von der weißen Haut befreiten Schalen von Bitterorangen (Pomeranzen) gewonnen. Pomeranzen haben eine wesentlich dickere Schale als andere Orangenarten. Die Schale hat aufgrund des hohen Gehalts an ätherischen Ölen einen intensiven, bittersüßen Geschmack. Der Zuckergehalt von Orangeat beträgt ebenfalls mindestens 65 %!

Orangeat

Kokos-Mango-Konfitüre zum Adventsbrunch

Mangos schälen, halbieren und jeweils den Stein entfernen. Eine Frucht klein würfeln, übrige Mango in Stücke schneiden und pürieren. Die Kokosflocken in einer beschichteten Pfanne rösten.

Mangopüree mit Fruchtstückchen, Kokosflocken, Gelierzucker und Orangensaft in einem großen Topf vermischen und aufkochen. Unter Rühren 3–4 Min. sprudelnd kochen lassen.

Topf vom Herd nehmen, Cachaça unter die Mangomasse rühren. Konfitüre sofort in heiß ausgespülte Gläser füllen. Gläser verschließen und umgedreht für 5 Min. auf ein Küchentuch stellen.

Die Konfitüre ist ungeöffnet ca. 6 Monate haltbar.

Die Verpackungsidee für die Kokos-Mango-Konfitüre finden Sie auf Seite 132/133.

Zutaten für 4 Gläser à 250 ml

2 reife, weiche Mangos (geputzt ca. 700–800 g Fruchtfleisch)
100 g Kokosflocken
500 g Gelierzucker (2:1)
200–300 ml Orangensaft
2 EL Cachaça

30 Min. Zubereitung

Gepunktete Deckelhaube
für die Konfitüre

Material
Stoff, in Weiß-Rot-gepunktet
Fotokarton in Hell- oder Nachtblau
Softschablone „Schneeflocke“
Deckweiß
Fotokarton in Weiß
Spitzenband

Schneiden Sie für das Häubchen einen Kreis mit einem Durchmesser von 15 cm aus dem Stoff aus und versäubern Sie den Rand bei Bedarf mit einem schmalen Zickzackstich an der Nähmaschine.

Für den Anhänger aus dem blauen Karton einen 5 cm großen Kreis ausschneiden und die Softschablone zentriert auflegen. Mit Deckweiß die Schneeflocke ausmalen und die Farbe kurz trocknen lassen.

Ein kleines Stück weißes Papier mit einem Bürolocher lochen und als Aufhängung von hinten am Kreisetikett anbringen. Die obere Kante mit der Schere abrunden und den Anhänger zusammen mit Häubchen und Spitzenband am Glas anbringen.

Zitrusfrucht-Marmelade
weihnachtlich gewürzt

Die Kumquats in kochendem Wasser etwa 2 Min. blanchieren, abgießen und eiskalt abschrecken. Je 2 Grapefruits und Orangen mit einem Küchenmesser so schälen, dass die weiße Haut vollständig entfernt ist. Die Filets aus den Trennhäuten herausschneiden. Den Saft aus den Trennhäuten herauspressen und auffangen.

Restliche Grapefruit und Orangen halbieren und auspressen. Fruchtstücke und Saft müssen zusammen eine Menge von einem ¾ Liter ergeben. Vanille, Kardamom und Nelken sowie Gelierzucker hinzufügen und in einem Topf mischen.

Unter Rühren kurz aufkochen, dann 4 Min. sprudelnd kochen lassen. Noch heiß in sorgfältig vorbereitete Gläser füllen und fest verschließen.

Tipp: Da die Kumquats nicht geschält werden, ist es wichtig, dass Sie die Ware in Bio-Qualität kaufen.

Die Zitrusfrucht-Marmelade ist ungeöffnet ca. 6 Monate haltbar.

Die Verpackungsidee für die Zitrusfrucht-Marmelade finden Sie auf Seite 136/137.

Zutaten für 4 Gläser à 350 ml

100 g Bio-Kumquats
3 große rosa Grapefruits
3 große Orangen
1 Blutorange
½ TL gemahlene Vanille
2 Msp. gemahlener Kardamom
1 Msp. gemahlene Nelken
500 g Gelierzucker (3:1)

40 Min. Zubereitung

FÜR DICH
FÜR DICH

Deckeletikett und Anhänger für die Marmelade

Auf ein Stück des weißen Kartons den Fähnchenstempel so oft im Kreis aufstempeln, bis eine Blüte entsteht. Dabei immer direkt Fähnchen an Fähnchen setzen. Das so entstandene Deckeletikett an den geraden Kanten ringsherum ausschneiden und mit doppelseitigem Klebeband zentriert auf dem Deckel befestigen.

Für den Anhänger aus dem Karton ein 2,7 cm x 4,8 cm großes Rechteck ausschneiden, in der unteren Hälfte nach Belieben mit dem Fähnchenstempel bedrucken und anschließend beschriften. Oben mit dem Cutter zwei 4 mm lange Schlitze einschneiden und das Satinband hindurchfädeln.

Zum Schluss das Etikett am Glas anbringen. Um zu verhindern, dass das Band abrutscht, können Sie auf der Rückseite des Schildchens ein Stück des doppelseitigen Klebebandes anbringen und es am Glas fixieren, bevor Sie die Schleife binden.

Material

- Fotokarton in Weiß
- Fähnchenstempel mit Zickzackmuster
- Stempelfarbe in Schwarz
- doppelseitiges Klebeband
- Cutter
- Satinband in Olivgrün, 3 mm breit

Spekulatius-Früchte-Creme

schmeckt das ganze Jahr!

Orangen so dick schälen, dass die weiße Haut mit entfernt wird. Filets zwischen den Trennhäuten herausschneiden. Sharonfrüchte halbieren und das Fruchtfleisch mit einem scharfen Messer von der ledrigen Haut trennen. Beides mit Himbeeren vermengen. Quark, Joghurt, Zucker, Gewürz und Schokoraspeln verrühren und abschmecken.

Die Hälfte der Früchte auf die 8 Gläschen verteilen, dann den Joghurt-Quark einschichten und zum Schluss wieder das Obst auf die Quarkmasse verteilen. Wer mag, kann das Ganze vor dem Essen mit einer Himbeere dekorieren.

Die Spekulatius-Früchte-Creme ist im Kühlschrank 2 Tage haltbar.

Die Verpackungsidee für die Spekulatius-Früchte-Creme finden Sie auf Seite 140/141.

Zutaten für 8 Personen

3 Orangen
2 Sharonfrüchte
250 g aufgetaute TK-Himbeeren
300 g Sahnequark
150 g Vanillejoghurt
2–4 EL Zucker
1 TL Spekulatiusgewürz
20–40 g Zartbitter-Schokoraspel

40 Min. Zubereitung

Tannenbaum-Schachtel für die Spekulatius-Creme

Übertragen Sie die Schachtelvorlage auf den Naturkarton und schneiden Sie diesen an den durchgezogenen Linien aus. Falzen Sie den Karton mithilfe von Lineal und Falzbein an den gestrichelten Linien, bringen Sie an den Laschen doppelseitiges Klebeband an und montieren Sie die Schachtel. Stellen Sie das Glas hinein, verschließen Sie die Schachtel und legen Sie eine 6 cm breite und 30 cm lange Banderole aus lindgrünem Papier straff um die Schachtel. Fixieren Sie das Papier auf der Unterseite mit Dekoklebeband.

Für den Tannenbaum die zwei entsprechenden Vorlagen auf den dunkelgrünen Sternenkarton übertragen und an den durchgezogenen Linien aus- bzw. einschneiden. Falzen Sie den Stamm an der gestrichelten Linie im rechten Winkel nach vorn und an der gepunkteten Linien nach hinten. Stecken Sie beide Teile zusammen und bringen Sie unten am Tannenbaum doppelseitiges Klebeband an.

Stanzen Sie aus dem gestreiften Karton einen 5 cm großen Kreis mit Wellenrand aus und kleben Sie den Tannenbaum zentriert darauf fest. Zum Schluss den Tannenbaum an der Banderole der Schachtel festkleben.

Material

Naturkarton
doppelseitiges Klebeband
Papier in Lindgrün
Dekoklebeband
Karton in Dunkelgrün mit goldenen Sternen
Karton in Grün-Weiß gestreift
Stanzer „Kreis mit Wellenrand", ø 5 cm

Vorlagen Seite 152–153

Vorlagen

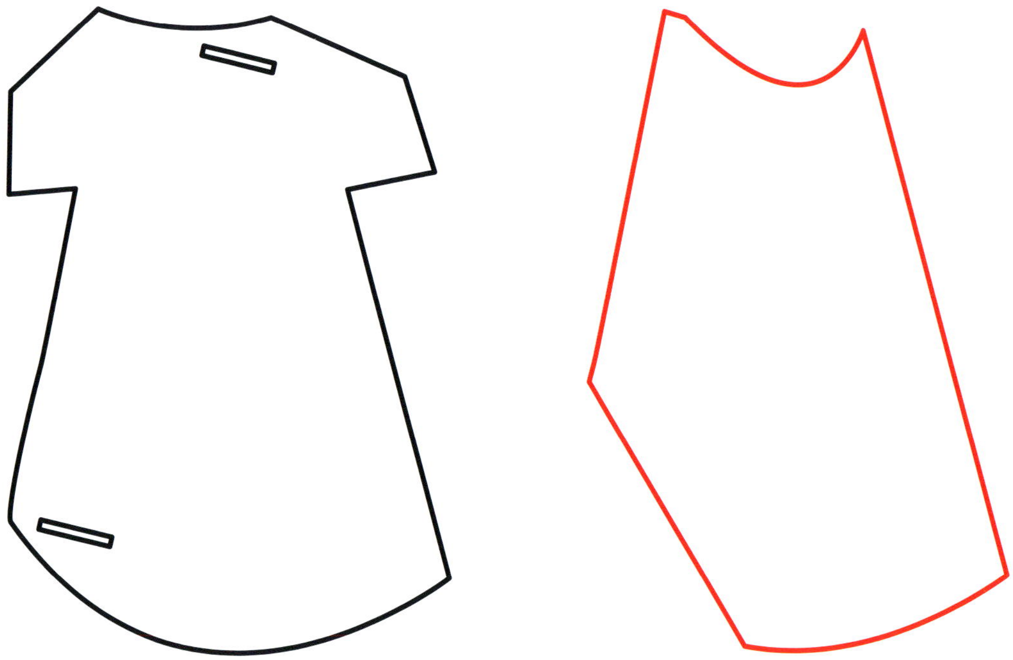

Feine Beutel
Seite 98/99

Kariertes Band
Seite 122/123
Die Vorlage auf 200 % vergrößern

Schöne Schachteln

Seite 102/103

Die Vorlage auf 125 % vergrößern

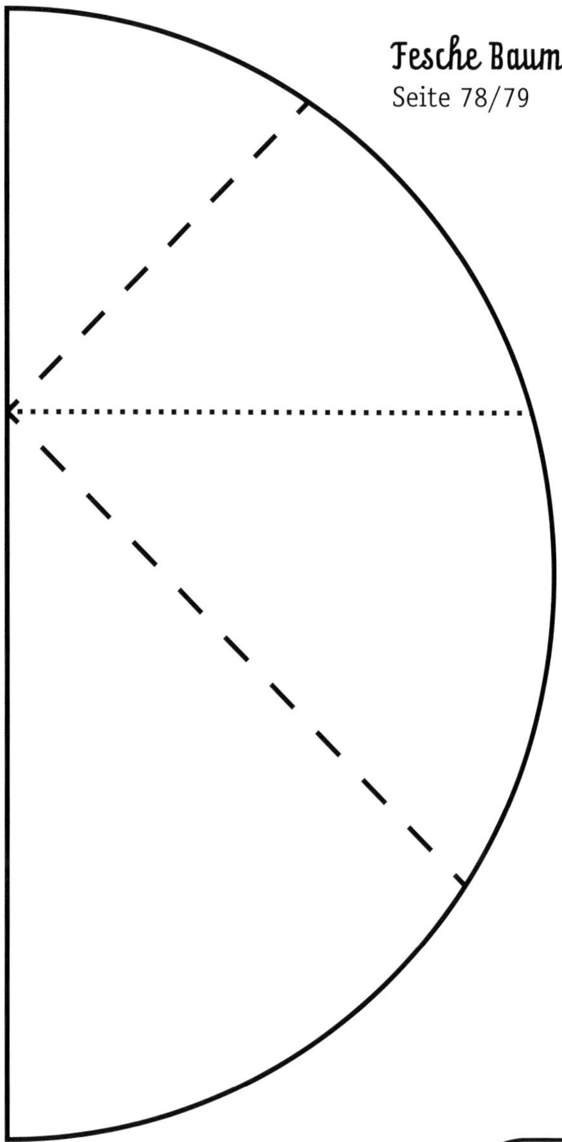

Fesche Baumtüten
Seite 78/79

Goldene Schale
Seite 18/19

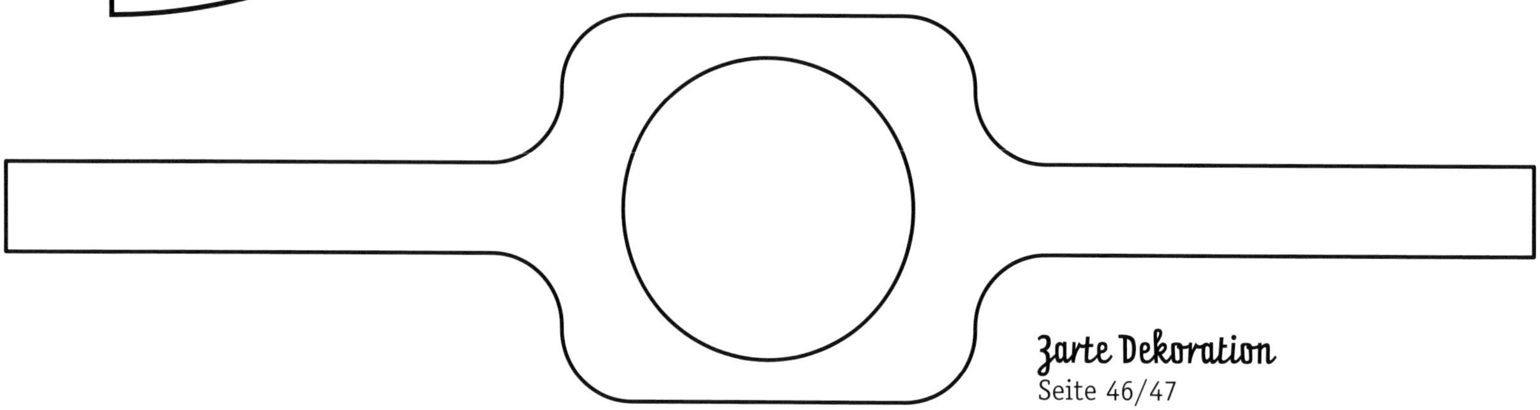

Zarte Dekoration
Seite 46/47
Die Vorlage auf 125 % vergrößern

Gepunktete Kiste

Seite 22/23

Die Vorlage auf 200 % vergrößern

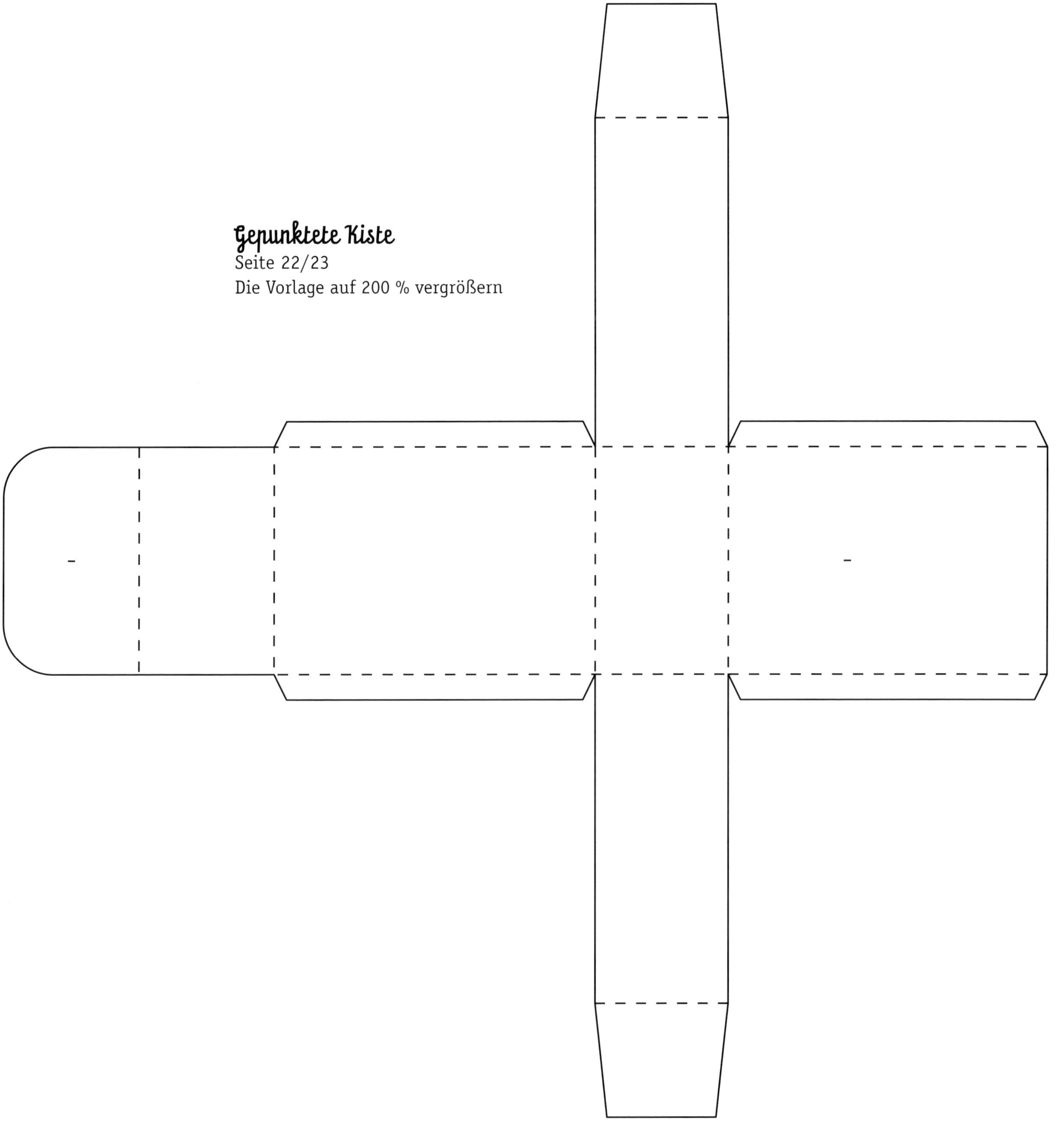

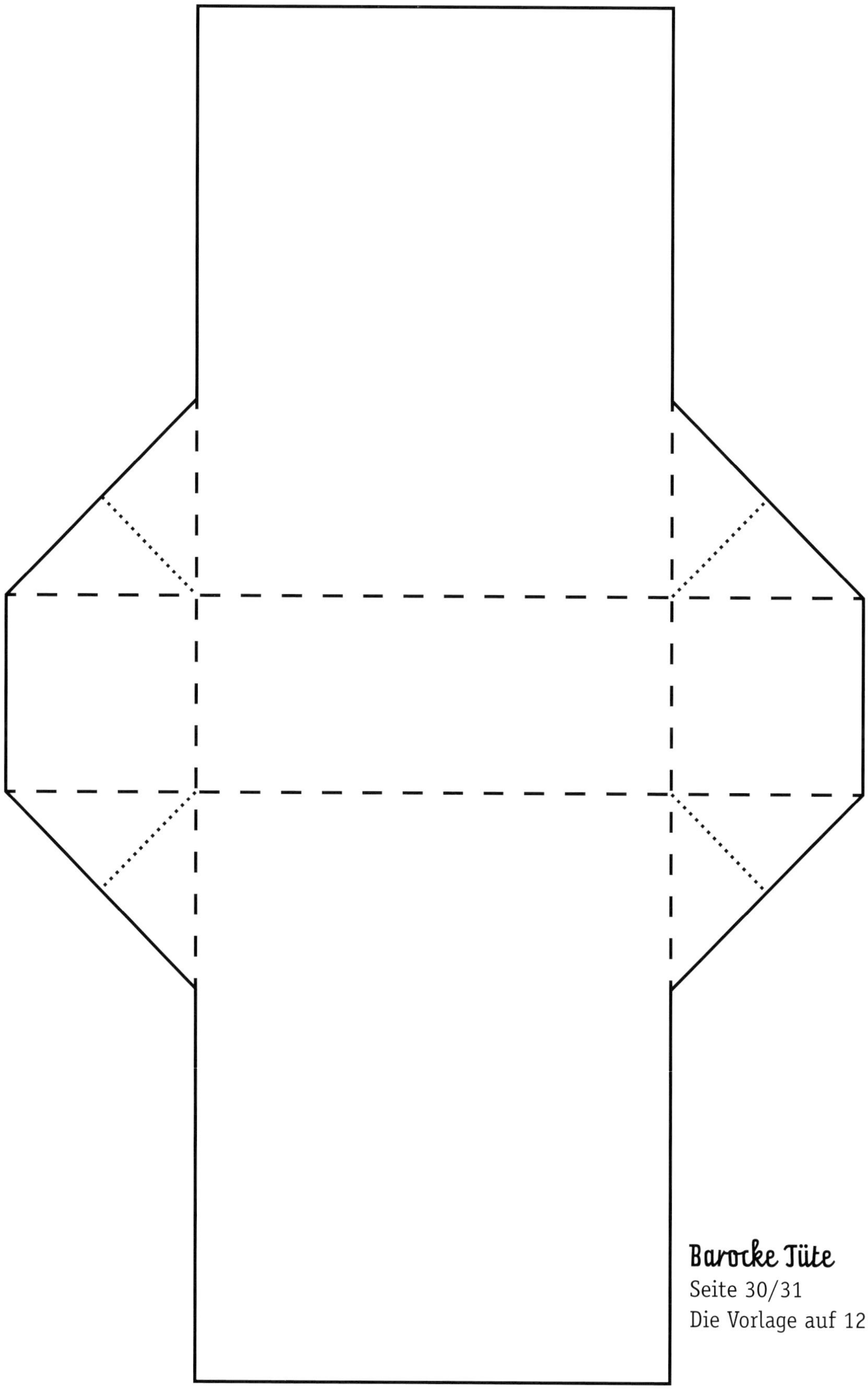

Barocke Tüte

Seite 30/31

Die Vorlage auf 125 % vergrößern

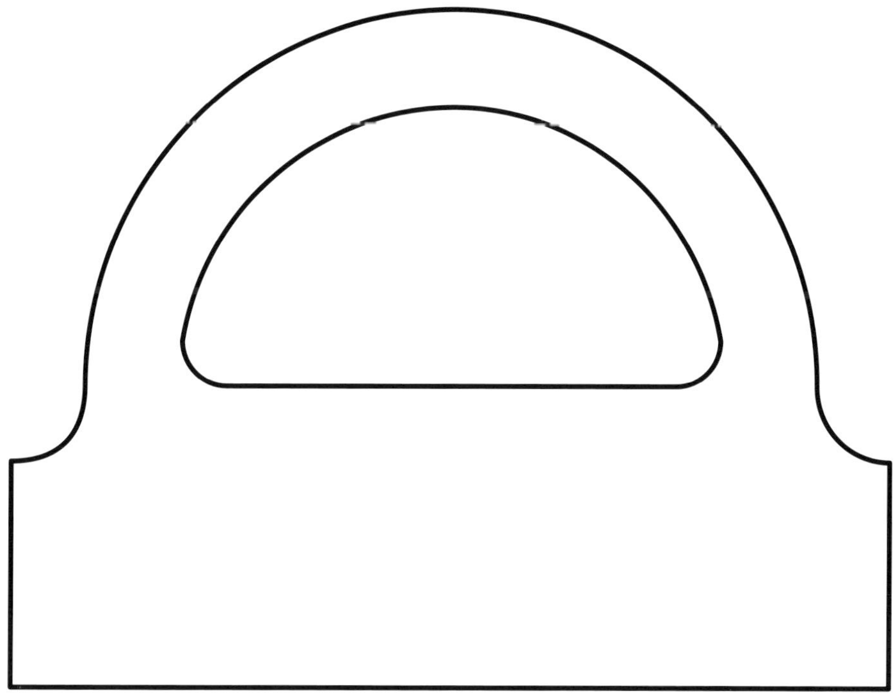

Hübsche Tüten

Seite 86/87
Die Vorlage auf 125 % vergrößern

Sternenkarton

Seite 74/75

Die Vorlage auf 125 % vergrößern

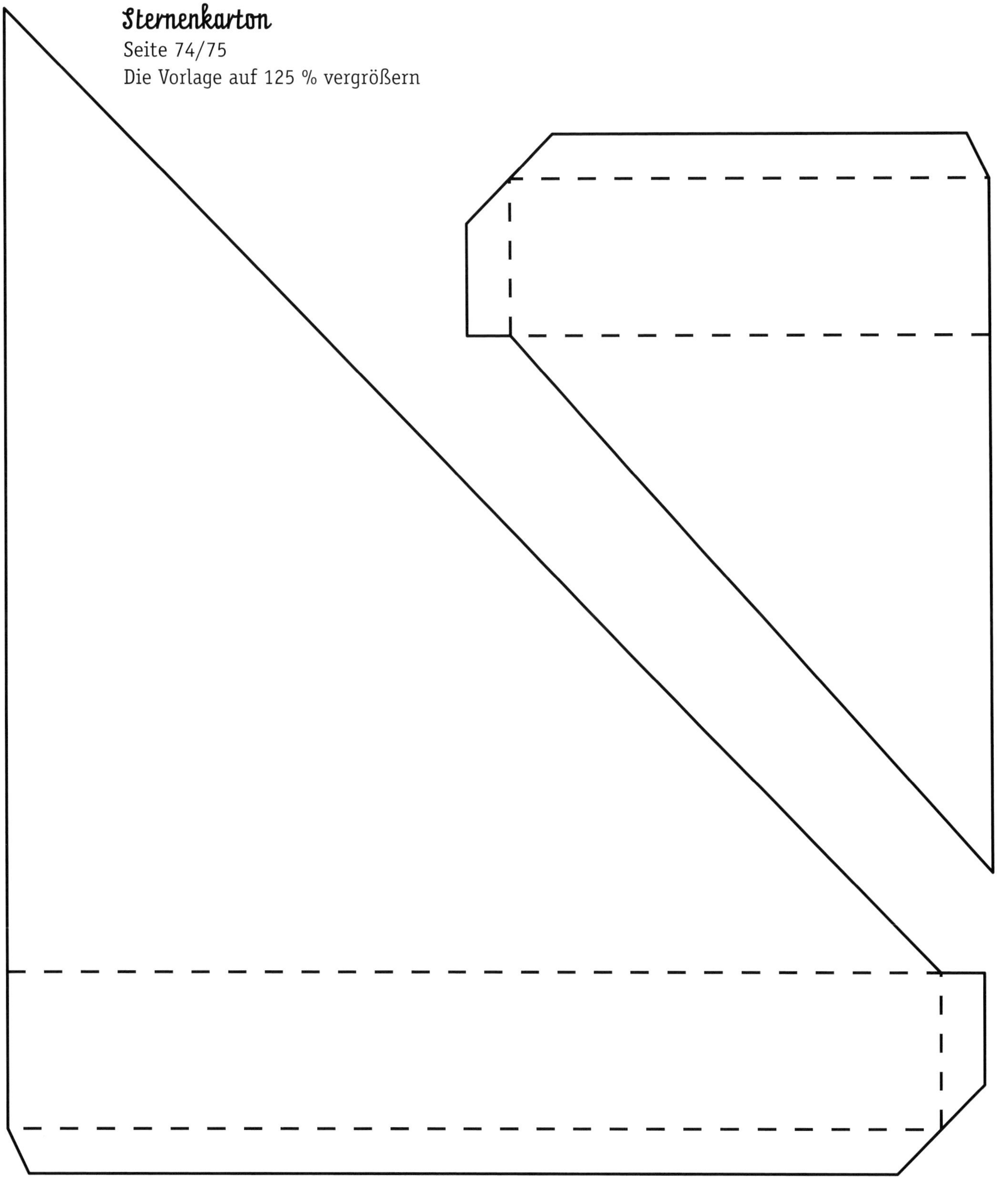

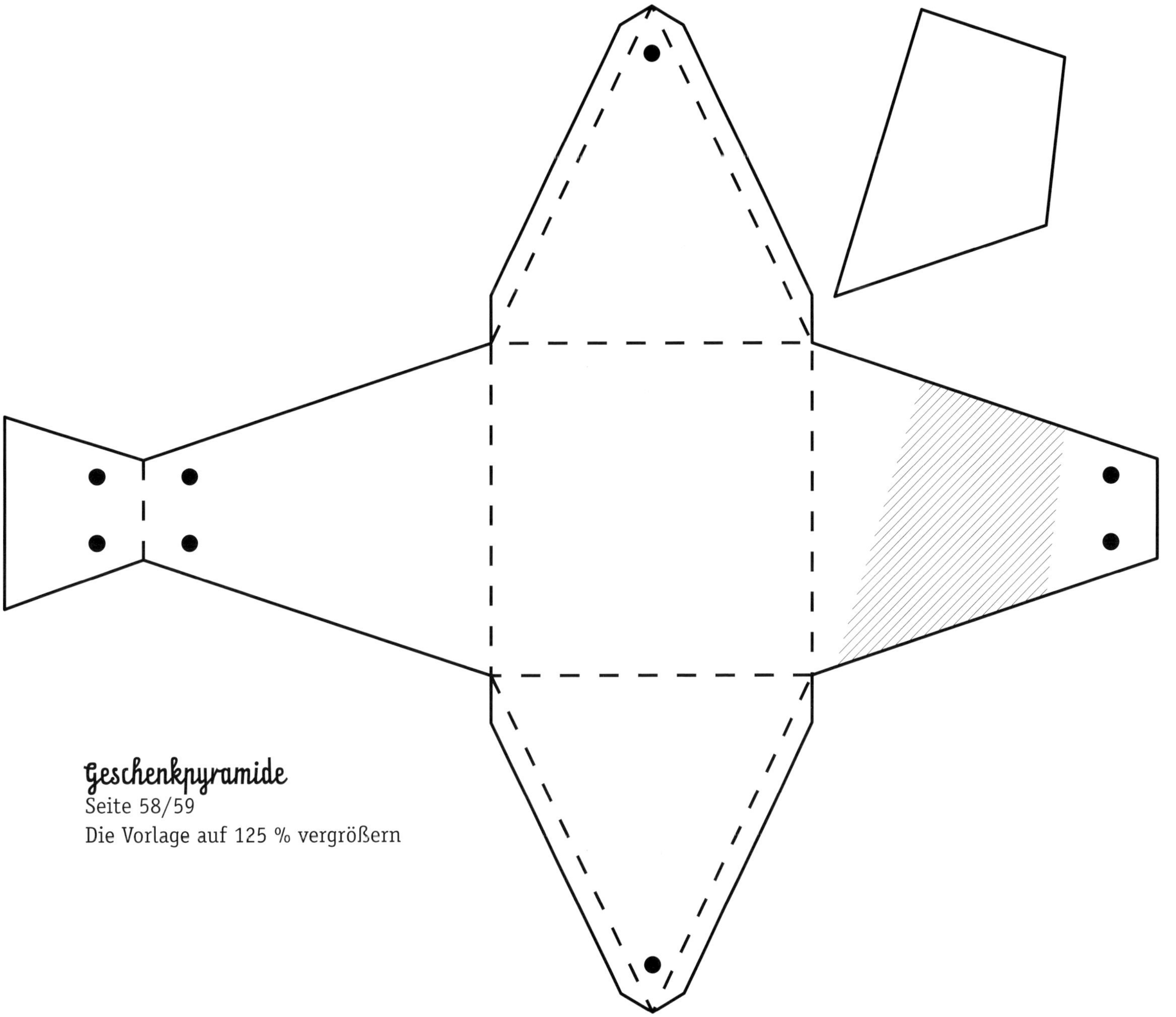

Geschenkpyramide

Seite 58/59

Die Vorlage auf 125 % vergrößern

Tannenbaum-Schachtel

Seite 140/141

Die Vorlage auf 125 % vergrößern

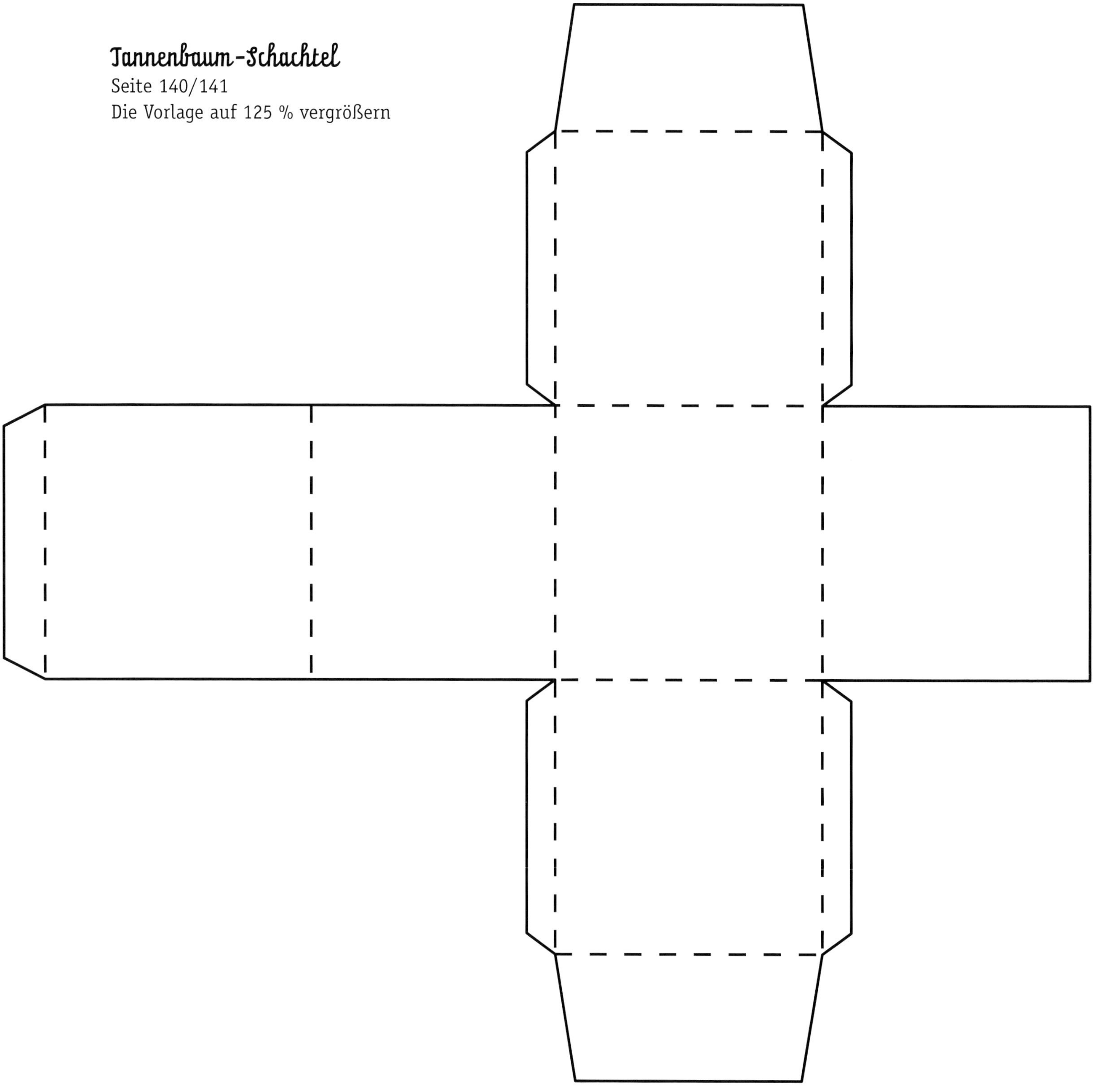

Tannenbaum-Schachtel
Seite 140/141

Schmale Kiste

Seite 112/113

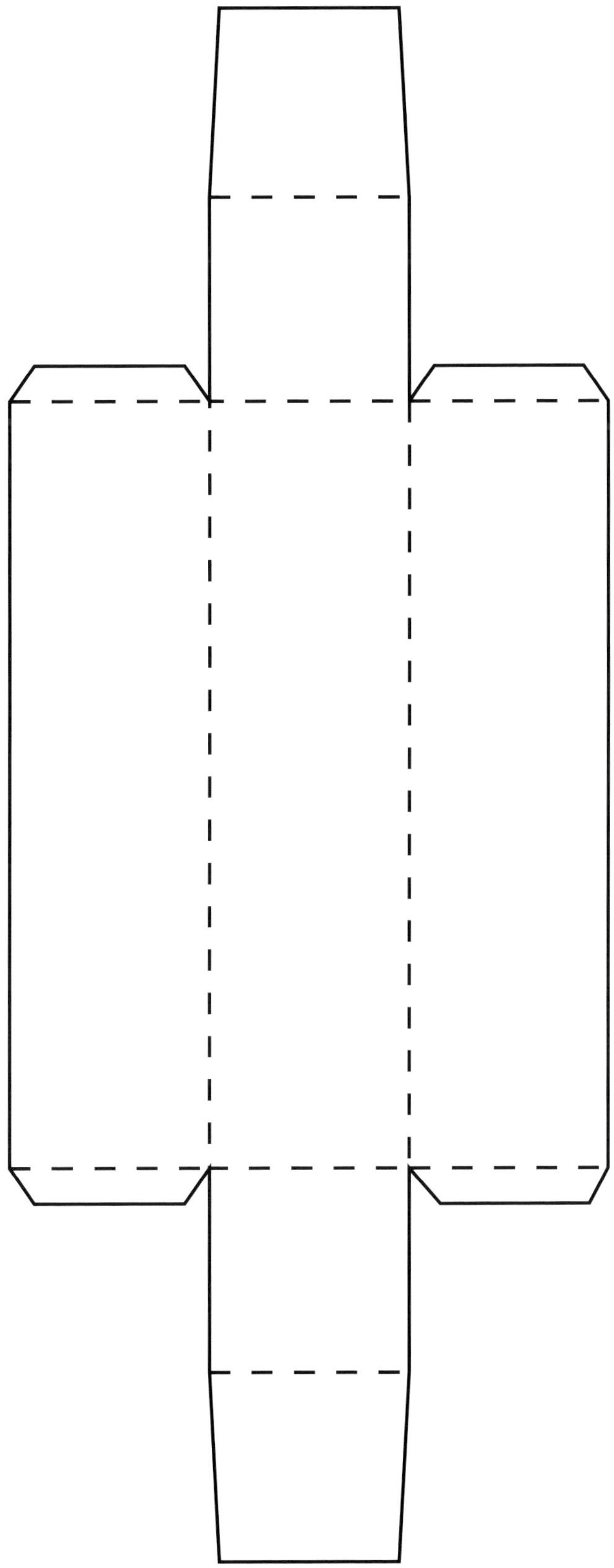

Schmale Kiste

Seite 112/113
Die Vorlage auf 143 % vergrößern

Die kreative Manufaktur

Selbermachen. Genießen. Verschenken.

Bücher aus der kreativen Manufaktur

TOPP 5900
978-3-7724-5900-9

TOPP 5902
978-3-7724-5902-3

TOPP 5901
978-3-7724-5901-6

TOPP 5903
978-3-7724-5903-0

Kreative manufaktur

TOPP 5904
978-3-7724-5904-7

TOPP 5905
978-3-7724-5905-4

TOPP 5906
978-3-7724-5906-1

TOPP 5918
978-3-7724-5918-4

TOPP 5907
978-3-7724-5907-8

Die kreative Manufaktur

TOPP 5908
978-3-7724-5908-5

TOPP 5909
978-3-7724-5909-2

TOPP 5912
978-3-7724-5912-2

TOPP 5917
978-3-7724-5917-7

... auch im handlichen Geschenkbuchformat erhältlich

TOPP 5910
978-3-7724-5910-8

TOPP 5911
978-3-7724-5911-5

TOPP 5916
978-3-7724-5916-0

TOPP 5913
978-3-7724-5913-9

TOPP 5914
978-3-7724-5914-6

TOPP 5915
978-3-7724-5915-3

Die Autorinnen

Anna Postel
Mit einer Begeisterung für alles Schöne aus Stoff und Papier entschied sich Anna Postel nach dem Abitur zu einer Buchbinder-Ausbildung. Von 2007 bis 2012 studierte sie Buchkunst an der Burg Giebichenstein Kunsthochschule Halle und schloss das Studium als Diplomkünstlerin ab. Unter ihrem Label „Kleine Madame" entwirft und fertigt sie handgearbeitete Schachteln und andere hochwertige Verpackungen.

Anna Postel

Anne Iburg

Anne Iburg
Anne Iburg ist Autorin mehrerer Kochbücher und Ernährungsratgeber. Sie studierte an der Universität Bonn Oecotrophologie und arbeitete in einem Kochstudio und in einem Ratgeberverlag, bevor sie sich vor mehr als fünfzehn Jahren selbständig machte. Heute lebt sie mit ihrer Familie in Kaiserslautern und kocht und backt für ihr Leben gerne.

Impressum

Verpackungsmodelle: Anna Postel
Rezeptentwicklung: Anne Iburg

Fotos: frechverlag GmbH, 70499 Stuttgart; © fotolia: HLPhoto (S. 11, o. r.; S. 10 u. r.; S. 95, o. l.; S. 129 Zitronat u. Orangeat); Cobja (S. 11, o. l.); jfunk (S. 10, o. r.); PhotoSG (S. 11, u. m.; S. 119, o. l.); Jeanette Dietl (S. 10, u. l. und S. 39, o. l.); emmi (S. 38, o. r); tat99may (S. 38, u. l.); B. and E. Dudzinscy (S. 39, u. l.); fotoknips (S. 39, o. r.); Floydine (S. 38, u. r.); Sea Wave (S. 66, o. r.; S. 104, Haselnuss); annamavritta (S. 67 o. r.); unpict (S. 67, u. l.); BeTa-Arworks (S. 67, o. l. und S. 66, u. l.); travelbook (S. 94, u. l.); Thomas Francois (S. 94, u. r.); Christian Jung (S. 104, Walnuss); mady 70 (S. 104, Pistazie); goodween123 (S. 105, Mandel); Doris Heinrichs (S. 105, Pinienkerne); Jiri Hera (S. 105, Macadamia); Inga Nielsen (S. 118, u. l.); Yevgeniya (S. 118, u. r.); goodween123 (S. 128/129, Orange u. Kumquats); verca (S. 128, Zitrone u. Grapefruit); © istock: Nebelsee (S. 66, u. r.); esokolavskaya (S. 94, o. r.); olvas (S. 95, o. r.); shaiith (S. 114/115); Alliance (S. 118, o. m.); SilviaJansen (S. 118, o. r.); Szakaly (S. 119, o. r.); Shaharosa40 (S. 142/143); T. W. Klein (S. 160, Anne Iburg); lichtpunkt, Michael Ruder, Stuttgart (alle übrigen)

Reihenkonzept: Katrin Hartmann
Produktmanagement: Regina Herr
Lektorat: Uta Koßmagk, Jasmin Maucher
Markendesign und Layout: N I T R I B I T T Kommunikation & Design, Thomas Detlaf, Kischa Scheibe, Marco Schenck, www.nitribitt.com
Satz: elektrolyten, Petra Schmidt, München, www.elektrolyten.de

Druck und Bindung: Neografia, Slowakai

Wir danken den Firmen Rayer in Laupheim, Heyda in Heilbronn und Rico Design in Brakel für die freundliche Unterstützung mit Material.

Hilfestellung zu allen Fragen, die Materialien und Kreativbücher betreffen: Frau Erika Noll berät Sie. Rufen Sie an: 05052/911858 (normale Telefongebühren)

1. Auflage 2014

ISBN 978-3-7724-5919-1
Best.-Nr. 5919